ExLibris

von Manuela

9. Mai 2004

Für die freundliche Entleihung
der alten Glanzbilder
aus ihrer Privatsammlung danken wir
Margalies Bertrand, Hildesheim.

5

ISBN 3-8157-2299-3

© 2001 Coppenrath Verlag, Münster
Grafische Gestaltung: Stefanie Bartsch, dialog.

Printed in Italy

www.coppenrath.de

Ein Schutzengel für dich

Wissenswertes & Unterhaltsames
Geschichten & Gedichte

Gesammelt von
Hildegard Toma

COPPENRATH

INHALT

Inhalt

Engel?
Gesehen nie.
Gehört einiges.
Manchmal –
öfter schon
wenn's mich gerade
so im letzten Moment
zurückhält von was
das schlimm verkehrt wär
dann frag ich mich doch:
Ob das ein Engel war?
Oder was sonst?
Was denn?
Etwas war's.

Hilde Roth

VORWORT

Gibt es Engel wirklich?
Haben sie Flügel? Können sie sprechen?
Was tun sie den lieben langen Tag?
Sitzen sie auf Wolken?
Haben Engel Freunde? Und wenn ja, können Menschen Freunde von Engeln sein?

Hat wirklich jeder Mensch seinen eigenen, persönlichen Schutzengel?

Oder springen Engel einfach ein, wenn irgendwo Not am Mann ist?

Fragen über Fragen – diese Reihe ließe sich endlos fortsetzen. Jeder hat seine eigene Antwort auf diese Fragen. Auch über die Art und Weise, wie Engel mit uns und wir mit ihnen umgehen oder umgehen sollten, gibt es sicher so viele Meinungen wie Menschen.

Dieses Buch will kein wissenschaftlicher Abriss über den gegenwärtigen Stand der Engelsforschung, der „Angelologie", sein. Vielmehr möchte es unterhaltsam informieren und dazu einladen, in den Gedichten und Geschichten rund um unsere himmlischen Begleiter etwas von der Poesie, Unvergänglichkeit und Wunderkraft der Engel zu erlesen und zu erleben.

Es möchte die Sinne schärfen und das Herz öffnen für die Boten und Gefährten aus einem Reich jenseits unserer irdischen Welt, die uns seit Urzeiten beistehen, uns begleiten, inspirieren, beschützen und manchmal wohl auch verführen. Vielleicht hilft es dem einen oder anderen Leser sogar, den Weg zu seinem persönlichen Schutzengel wieder zu finden.

Natürlich gibt es Engel – für mich zumindest ist das keine Frage!

Schutzengel mein,
lass mich dir empfohlen sein.
Behüte mich bei Tag und Nacht,
dass mir kein Leid geschehen mag.

Morgengebet

SCHUTZENGEL –
UNSRE HIMMLISCHE BEGLEITER

Eine der schönsten und tröstlichsten Stellen in der
Bibel verheißt uns den immerwährenden Beistand
der Engel, die Gott zum Wohle der Menschen aus-
sendet: „Es wird dir kein Übel begegnen und keine
Plage wird sich deinem Hause nahen. Denn er hat
seinen Engeln befohlen, dass sie dich behüten auf
allen deinen Wegen, dass sie dich auf Händen tragen und du deinen Fuß nicht an einen Stein sto-
ßest" (Psalm 91,10–12).
Nach den Ergebnissen einer Umfrage glaubten zu
Ende des zweiten Jahrtausends 48 Prozent der
Deutschen, zumeist Frauen, einen persönlichen
Schutzengel zu besitzen. Jeder Zehnte war sicher,
schon mal einen Engel gesehen oder gespürt zu
haben.

Und darin sind sich alle, die überhaupt an Engel glauben, einig: Schutzengel sind persönliche Begleiter und Beschützer für nur einen Menschen, d. h. jeder Mensch hat seinen eigenen Schutzengel, den er mit niemandem teilen muss.

Unser Schutzengel warnt uns vor Gefahren und hilft uns in kritischen Augenblicken. Wie von unsichtbaren Händen geleitet, spüren wir sein Eingreifen in Notsituationen, ob im Straßenverkehr oder anderen Erfahrungen von Wundern im Alltag.

Unser Schutzengel kennt unsere Gedanken und Gefühle, er beflügelt das Gute in uns und hilft uns das Wesentliche erkennen, er erhellt unsere Seele und möchte uns auf den Weg zum ewigen Licht führen.

Seinen Schutzengel kann man immer und überall um Hilfe bitten. Wenn der Mensch keine konkreten Wünsche hat, wacht der Engel darüber, dass der „kosmische Plan" der Vorsehung erfüllt wird.

Seinen Schutzengel kann man nicht verlieren! Auch dann nicht, wenn man Unrecht tut, böse oder sündhaft denkt oder handelt, denn Schutzengel haben die Anweisung, uns unter keinen Umständen von der Seite zu weichen. Und diese Aufgabe erfüllen sie meistens sehr gewissenhaft.

Unser Schutzengel ist uns von allem Anfang an beigegeben, von der Zeugung an, nicht erst bei der Geburt oder der Taufe. Er geleitet unsere Seele aus dem Paradies auf die Erde und bleibt uns treu bis zu dem Augenblick, in dem er uns ins Paradies zurückführt. Als Kind brauchen wir ihn mit Sicherheit öfter, aber auch mit zunehmendem Alter wird er uns nicht von der Seite weichen.

Solange wir Kinder sind, fällt es uns leicht, an die Existenz der Engel zu glauben. Wir sind noch offen für die Wunderwelten jenseits der sinnlich fassbaren Realität, glauben an Feen und Zwerge, Geister und Gnome, Zauberer und Hexen. Während diese Fabelwesen uns jedoch zugleich faszinieren und ängstigen, geben uns die Engel Sicherheit und Halt. Von ihnen fühlen wir uns beschützt und begleitet, behütet und geborgen. Wenn wir etwas falsch machen, wenn wir unvorsichtig sind, wenn etwas schief läuft – unser Engel ist immer für uns da. Wir begeben uns vertrauensvoll in die Obhut der guten himmlischen Mächte.

Wenn wir aber älter werden? Und unser naives „Gottvertrauen" einer pragmatischen, realistischen Sicht der Dinge weicht?

In der Auseinandersetzung mit gesellschaftlichen, beruflichen und privaten Problemen, wenn wir uns allein gelassen und überfordert fühlen – dann brauchen wir ihn mehr denn je, den Kraft spendenden Engel an unserer Seite.

„Von guten Mächten wunderbar geborgen", wie
Dietrich Bonhoeffer es ausdrückte, so würden wir
uns alle gerne fühlen. Kein Wunder also, dass wir
uns wünschen, jemanden um uns zu haben, der
uns Halt gibt, auf den wir uns verlassen können,
der uns schützt und begleitet ohne etwas dafür zu
verlangen, der uns Geborgenheit schenkt und uns
liebt, wie wir sind, jemanden, der uns niemals im
Stich lässt… Diese Sehnsüchte kennt sicher jeder.
Der Theologe Eugen Drewermann, der Frage nach-
gehend, warum der Glaube an Schutzengel so be-
liebt sei, stellt fest: „Das ist schon ein Phänomen:
Wenn überhaupt die Rede ist von Engeln, meinen
die Leute Schutzengel. Sie denken … an einen persönlichen Engel, der im konkreten, individuellen
Leben Nothilfe leistet. Die Menschen suchen sich
etwas, das ihnen nahe ist. … Woran sie glauben
möchten, ist, dass ihr so verlorenes Leben umfan-
gen und behütet ist." Denn „der Engel verkörpert
die Urgestalt, das eigentliche Bild des menschlichen
Wesens, das, was uns ausmacht. Jeder von uns trägt
in sich ein bestimmtes Bild, einen bestimmten Ton,
ein bestimmtes Wort, das er zum Gemälde, zur
Symphonie, zum Gedicht ausgestalten muss. Nur
dafür lebt er. Ein Mensch, der begreift, wozu er da
ist, wäre nach mythologischer Sprechweise begleitet
und geführt von seinem Engel. Da steht etwas hinter ihm, was ihm nicht vorschreibt, was er zu tun
hat, aber was ihn bestärkt in dem, was er ist."

Eine ähnliche Theorie hat der Anthroposoph Rudolf Steiner über die Aufgaben des Schutzengels entwickelt. Er meint, dass jeder Mensch von seinem persönlichen Schutzengel begleitet wird, der den genauen Überblick über das gegenwärtige wie auch über alle vorhergehenden Leben seines Schützlings hat. So weiß der Engel ganz genau, welche Erfahrungen der Mensch noch dringend zu machen hat, damit er sich richtig weiter entwickelt. Seine Aufgabe ist es, den Menschen entsprechend zu leiten. Glaubt der Schützling an Engel, so sind den Möglichkeiten der beiden keine Grenzen gesetzt – zweifelt er jedoch an der Existenz von Engeln überhaupt oder verleugnet sie gar, dann hat sein Schutzengel keine Chance, seine Aufgabe zu erfüllen.

An meinen Schutzengel

Mascha Kaléko

Den Namen weiß ich nicht: Doch du bist
einer aus dem himmlischen Quartett,
das einstmals, als ich kleiner war und reiner,
allnächtlich Wache hielt an meinem Bett.

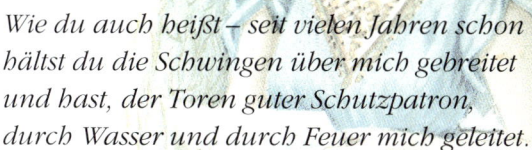

Wie du auch heißt – seit vielen Jahren schon
hältst du die Schwingen über mich gebreitet
und hast, der Toren guter Schutzpatron,
durch Wasser und durch Feuer mich geleitet.

Du halfst dem Taugenichts, als er zu spät
das Einmaleins der Lebensschule lernte.
Und meine Saat, mit Bangen ausgesät,
ging auf und wurde unverhofft zur Ernte.

Seit langem bin ich tief in deiner Schuld.
Verzeih mir noch die eine – letzte – Bitte:
Erstrecke deine himmlische Geduld
auch auf mein Kind und lenke seine Schritte.

Er ist mein Sohn. Das heißt: er ist gefährdet.
Sei um ihn tags, behüte seinen Schlaf.
Und füg es, dass mein liebes schwarzes Schaf
sich dann und wann ein wenig weiß gebärdet.

Gib du dem kleinen Träumer das Geleit.
Hilf ihm vor Gott und vor der Welt bestehen.
Und bleibt dir dann noch etwas freie Zeit,
magst du bei mir auch nach dem Rechten sehen.

Mein Engel

Viola Voß

für mich ist ein Engel vom Himmel gekommen
ich hab gar nicht gewusst, dass es Engel gibt
er ist auf einmal in mein Leben gekommen
und hat gesagt, dass er mich liebt

mein Engel hat mich an die Hand genommen
und mich in den Himmel geführt
wir sind den Sternen ganz nahe gekommen
wir haben das wahre Glück berührt

mein Engel hält mich fest in seinem Arm
und ich weiß, ich kann ihm vertrauen
es ist bei ihm so geborgen und warm
und ich schwebe, wenn seine Augen in meine
  schauen

mein Engel ist immer bei mir
auch wenn er sich ganz woanders befindet
in meinem Herzen, ganz tief in mir
ist ein Gefühl, das mich immer mit ihm verbindet

von meinem Engel hab ich so viel bekommen
er hat mir so viel gesagt und gezeigt
für mich ist ein Engel vom Himmel gekommen
ich möchte, dass er für immer bleibt.

Ich sagte zu dem Engel, der an der Pforte des neuen Jahres stand:
Gib mir ein Licht, damit ich sicheren Fußes der Ungewissheit entgegengehen kann!
Aber er antwortete:
Gehe nur hin in die Dunkelheit und lege deine Hand in die Hand Gottes!
Das ist besser als ein Licht und sicherer als ein bekannter Weg.

Chinesische Weisheit

SCHUTZENGEL GIBT ES ÜBERALL

Das Wort „Engel" leitet sich vom griechischen „angelos" her, was seinerseits eine Übersetzung des persischen „angaros" ist und soviel wie „Bote" bedeutet – demnach verstehen wir die Engel als Boten des Göttlichen. Solche Boten gibt es in vielen Kulturen, nicht nur im Christentum.

Schon in der altorientalischen Hochreligion der Sumerer gab es Geistwesen, die – von den Gottheiten gesandt – zwischen Himmel und Erde auf- und niederstiegen.

Babylonier und Assyrer glaubten fest daran, dass jeder Mensch einen Schutzgeist besitzt. Dieser Glaube wurde von den Griechen und Römern übernommen, die die „himmlischen Wesen" erstmals mit Flügeln darstellten. Der an Hut und Schuhen geflügelte Gott Hermes ist ein Inbegriff des „Boten der Götter", der Liebende zusammenführte und die Seelen der Verstorbenen in die Unterwelt geleitete.

Im Hinduismus gibt es geistige Wesen („Devas"), die das Bewusstsein der Seele erhöhen und somit Heiterkeit, Liebe und Schönheit ins Leben der Menschen bringen. Und vogelartige, geflügelte „Apsaras", die, unserem Todesengel ähnlich, die toten Seelen in den Himmel begleiten.

Die buddhistischen „Dakinis", die Himmelsläuferinnen, sind erstmals nur weiblich. Sie bringen Botschaften, Warnungen und Ratschläge und sind durchaus mit unseren Engeln zu vergleichen.

Eine andere Erklärung des Wortes „Engel" kann man aus dem Altägyptischen ableiten, von „ang" („Leben") und „el" („Gottes Licht"). Nach dieser Auffassung sind Engel also „die im Licht Gottes Lebenden". Der Engelsglaube ist auch ein fester Bestandteil des Islam, wo acht Engel um den Thron von Allah stehen. Neben Boten-, Hüter-, Wächter- und Todesengeln hat der Engel Gabriel eine ganz besondere Bedeutung: Er diktierte dem Propheten Mohammed den Koran.

Die Gnostiker der Spätantike nahmen an, dass jeder Mensch – egal welchen Glaubens – einen so genannten „himmlischen Zwilling" habe. Nur wenigen wirklich Erleuchteten sei es vergönnt, schon im irdischen Leben mit ihm Kontakt zu knüpfen. Die normalen Sterblichen müssen sich gedulden, bis nach dem Tod Mensch und Engel in einer anderen Welt vereint sein können. Nach dem Glauben der Candomblé in Brasilien (eine aus Afrika stammende Religion) wird jedem Menschen bei seiner Geburt ein weiblicher

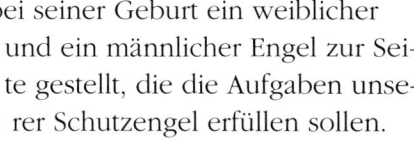

und ein männlicher Engel zur Seite gestellt, die die Aufgaben unserer Schutzengel erfüllen sollen.

Diese Engel, „orishas", zu erkennen und ihnen zu folgen, bringt den Menschen im irdischen wie auch später im himmlischen Dasein geistig weiter.

In vielen indianischen Kulturen glaubt man, dass die Geister der Ahnen die Aufgaben der Schutzengel für die Lebenden übernehmen. Sie werden meist als engelähnliche Tiergestalten dargestellt.

15

Der Engel der Ungeduld

André Heller

Es war einmal ein Mädchen, das von allen bewundert werden sollte. Damit sie darin nicht gar zu viele Enttäuschungen erlebte, hatte ihr der himmlische Schneider, der den Menschen die Schicksale anmisst, in seinem gelegentlichen Großmut ein hübsches Gesicht und einen schönen Körper gegeben. Zudem besaß sie Verstand und eine Art von Phantasie, die auch ein um einiges hässlicheres Aussehen aufgewogen hätten. Aber sie achtete die inneren Gaben gering, weil sie in einer Welt tüchtiger Ignoranten lebte, die dem Sichtbaren nachliefen, das Handfeste anbeteten und blind waren für jene Reichtümer, die in den verschlüsselten Botschaften der Dichter und Maler zu finden waren oder im Schweigen der Zenmeister und in der Berührung getrockneten Ziegendarmes mit einem Bogen, die Musik entstehen lässt. Der Gerechtigkeit halber muss man sagen, dass unser Mädchen die Melodien von Brahms und Schubert gerne hörte, dass sie die Wände ihres Zimmers mit Bildern inspirierter Zeichner und Maler schmückte und den unsterblichen Märchen des Josef Roth ebenso zugetan war wie den Terzinen des jungen Hofmannsthal.
Stets aber waren diese Herrlichkeiten lediglich Gegenstände, die sie zur Steigerung ihres Wohlbehagens entlang den Quellen ihres Daseins bereithielt, niemals jedoch waren sie die Quellen selbst. Ja, sie

hätte den Gedanken, wäre er ihr je in den Sinn ge-
kommen, für töricht gehalten, nicht zu singen, son-
dern selbst Gesang zu sein, nicht zu malen, sondern
selbst das Bild zu sein, nicht zu Gott zu beten, son-
dern selbst eins zu sein mit ihm.

Da kam der Tag des ungeduldigen Engels. Jeder Irdi-
sche hat zumindest einmal zwischen Geburt und Ab-
schied eine solche Begegnung. Gewöhnlich tritt dann
eine Person von großer Fremdheit und Kühnheit auf
und stellt beharrlich Fragen, deren Antworten man
sich selbst schon lange schuldet.

Der Engel sprach: „Wer, Mädchen, willst du sein?
Die, die du sein kannst, oder jene, mit der du dich
bisher begnügt hast? Willst du Abenteuer sein oder
Vorsicht?"

„Von allem ein Stück", antwortete das Mädchen, oh-
ne zu lügen. „Dann wirst du nichts wirklich sein",
sprach der Engel. „Denn die Gipfel gewähren nur je-
nen Aussicht, deren Gedanken nicht im Tal sind,
und die Täler lassen nur jene Ruhe finden, deren
Gedanken nicht bei den Gipfeln sind."

„So will ich auf dem Gipfel mit Leib und Seele dem
Himmel gehören und im Tal ganz und gar der Er-
de", sagte das Mädchen.

Der Engel lächelte: „Wer ganz und gar einer Sache
hingegeben ist, wird niemals den Wunsch nach ei-
ner anderen haben. Dem vom Tal Besessenen gehen
die Gipfel verloren. Er sieht auch über sich nur Tal.
Der vom Gipfel Besessene weiß auch unter sich nur

Gipfel." „Was aber ist besser?", fragte das Mädchen.
„Besser ist es, dort hinzugehen, wo man sich noch
nicht erprobt hat", sprach der Engel. „Du bist im Tal
geboren, kennst die Gebräuche des Tales, verstehst
dich zu schützen vor den Tücken des Tales, weißt,
was du giltst bei denen im Tale. Mache dich also auf
zu Orten, die dich das Staunen lehren, und blicke
nicht zurück." „Ich habe Angst vor dem Ungewissen",
klagte das Mädchen. „Dann will ich dir einen Rei-
senden geben, den du lieben sollst", sprach der Engel.
„Ich will ihn dir aus mir selbst geben. Licht von mei-
nem Licht soll er sein. Ungeduld von meiner Unge-
duld. Lachen von meinem Lachen. Rätsel von mei-
nen Rätseln. Da du ihn lieben wirst, wird es dir
selbstverständlich sein, ihm zu folgen. Seine Wege
werden die deinen sein. Der ewigen Jahreszeit der
Windrose verbunden: vom Tal zu den Gipfeln stei-
gend, von den Gipfeln zum rauschenden Flug des
Kondors, von dort zu den dreizehn Monden des He-
lion. Eines Augenblicks siehst du dann vielleicht dein
eigenes Herz und in diesem Herzen seine Liebe und
in seiner Liebe dich und in dir ihn. Denn ihr werdet
unentwirrbar sein und alle Angst wird schwinden."
„Schick mir den Reisenden", bat das Mädchen.
„Woran aber werde ich ihn erkennen? Vielleicht gibt
es falsche Reisende? So vieles auf Erden ist nur beina-
he wahr."

„Er kann in tausend Gestalten auftreten. Aber du wirst ihn daran erkennen, dass er nirgendwo lange verweilt", sagte der Engel. „All sein Sinnen ist Aufbruch. Wenn du zögerst, ist er uneinholbar und es bleibt dir nichts als schmerzhafte Sehnsucht nach dem, was ich dir kein zweites Mal gewähren darf."
„Ich glaube, ich werde meinen Reisenden erkennen", sagte das Mädchen.
„Zu spät", sagte der Engel und flog davon.

Ich werde einen Engel schicken, der dir vorausgeht.
Er soll dich auf dem Weg schützen und dich an den
Ort bringen, den ich bestimmt habe.
Achte auf ihn und höre auf seine Stimme!

Exodus

DIE HIMMLISCHE ORDNUNG

Wenn man Ludwig Thoma glaubt, sind Engel nur
damit beschäftigt, zur Ehre Gottes „Hosianna" zu
singen, aber so einfach ist es nun doch wieder
nicht!
Engel haben viele unterschiedliche Aufgaben, von
den obersten Seraphim bis hinunter zum Weihnachtsengel. Diese Aufgaben, wie auch die himmlische Hierarchie, sind genau festgelegt. Die Eintei-
lung basiert auf den beiden bekanntesten Quellen
der „Engelsgeschichtsschreibung": auf der „Lehre
von der Hierarchie des Himmels" von Dionysios
Areopagita, einem griechischen Philosophen und
Glaubenstheoretiker um 500 n. Chr., über dessen
wahre Identität bis heute nichts Genaues bekannt
ist, und auf der „Summa Theologica" des Heiligen
Thomas von Aquin (1224/25–1274).

Bei den himmlischen Heerscharen gibt es demnach
vier „Rangebenen". An der Spitze stehen die „Seraphim". Die nächste Stufe teilen sich die „Cherubim"
und die „Throne" oder auch „Thronengel". Letztere
werden oft als Feuerräder oder Fackeln beschrie-
ben. Sie tragen Gottes Thron und symbolisieren
seine Macht. An dritter Stelle stehen die „Herrschaf-
ten", die die Pflichten der Engel regeln und das
Universum verwalten, die „Mächte", die für Wunder
auf der Erde zuständig sind, und die „Gewalten",
die den Himmel vor Dämonen bewahren sollen.
Auf der vierten und untersten Ebene befinden sich
die „Fürstentümer", die Völker, Städte, Länder und
Religion beschützen, die „Erzengel", die verschie-
dene Aufgaben zu erfüllen haben, und die einfa-
chen „Engel", die zwischen Himmel und Erde pen-
deln, um göttliche Botschaften zu überbringen und
den Menschen beizustehen.
Die Seraphim sind die obersten Engel, die höchste
Ordnung, da sie Gott am nächsten stehen. Sie um-
kreisen singend Gottes Thron und können sich als
menschenähnliche Wesen mit sechs Flügeln mani-
festieren: zweien zum Fliegen, zweien, um ihr Gesicht zu bedecken, und zweien, um ihre Füße zu
verbergen. Sie sind Engel der Liebe, des Lichts und
des Feuers. Ihr „Anführer" ist Uriel.
Die Cherubim bewachen mit lodernden Flammen-
schwertern das Paradies und sind die „Wissens-
spender". Deshalb werden sie oft mit vieläugigen

Pfauenfedern dargestellt, einem Symbol der Allwissenheit. Die Cherubim haben vier Gesichter und vier Flügel.

Die Erzengel stehen nur auf der vierten Stufe der Hierarchie, üben aber vielfältige Ämter aus. Zum Teil gehören sie deshalb auch noch zur Klasse der Seraphim und Cherubim. Sie sind so genannte „Brückenengel", denn sie verbinden das Göttlich-Himmlische mit dem Menschlich-Irdischen.

Es gibt sieben namentlich erwähnte Erzengel. In der Bibel wird allerdings nur einer als Erzengel benannt: Michael, der Bote des göttlichen Gerichts und Anführer der himmlischen Heerscharen gegen den Satan am Tag des Jüngsten Gerichts.

Im Michaelskult, der im 4. Jahrhundert aufkam, hat die Verehrung der Schutzengel ihren Ursprung. Michael galt als Beschützer des Volkes Israel; die römische Kirche und später das Heilige Römische Reich Deutscher Nation übernahmen ihn als Schutzpatron.

Raphael, göttliche Heilung und göttlicher Schutz, ist für das leibliche Wohlergehen der Erde und ihrer Bewohner zuständig. Er soll der freundlichste aller Engel sein.

Gabriel kennen wir als den Boten göttlicher Gnade, der auch der Jungfrau Maria die „frohe Botschaft" überbrachte. Es heißt, dass er die Seelen aus dem Paradies in den Mutterleib begleitet und für die neun Monate vor der Geburt vorbereitet.

Gesang der Erzengel

Johann Wolfgang von Goethe

Raphael:
Die Sonne tönt nach alter Weise
In Brudersphären Wettgesang,
Und ihre vorgeschriebne Reise
Vollendet sie mit Donnergang.
Ihr Anblick gibt den Engeln Stärke,
Wenn keiner sie ergründen mag;
Die unbegreiflich hohen Werke
Sind herrlich wie am ersten Tag.

Gabriel:
Und schnell und unbegreiflich schnelle
Dreht sich umher der Erde Pracht,
Es wechselt Paradieseshelle
Mit tiefer, schauervoller Nacht;
Es schäumt das Meer in breiten Flüssen
Am tiefen Grund der Felsen auf,
Und Fels und Meer wird fortgerissen
In ewig schnellem Sphärenlauf.

Michael:
Und Stürme brausen um die Wette,
Vom Meer aufs Land, vom Land aufs Meer,
Und bilden wütend eine Kette
Der tiefsten Wirkung ringsumher.

Da flammt ein blitzendes Verheeren
Dem Pfade vor des Donnerschlags;
Doch Deine Boten, Herr, verehren
Das sanfte Wandeln Deines Tags.

Zu drei:
Der Anblick gibt den Engeln Stärke,
Da keiner Dich ergründen mag,
Und alle Deine hohen Werke
Sind herrlich wie am ersten Tag.

Neben diesen drei berühmtesten Erzengeln stehen noch Uriel, das Feuer Gottes, der mit flammendem Schwert vor den Toren des Paradieses wacht, ein Strafengel, der jedoch auch Gottes Prophezeiung und seine Weisheit darstellt, ferner Simiel, der Seher Gottes, Oriphiel, Gottes Schönheit, und Zachariel, die Gerechtigkeit Gottes.

Das Wort „Erzengel" leitet sich vom griechischen „archein" her, was soviel wie „an der Spitze stehen, regieren, der Erste sein" bedeutet. Ihre Namen, wie auch die Namen anderer Engel, enden alle auf „-el". Diese hebräische Wortendung heißt übersetzt: „wie Gott".

Von allen himmlischen Engelsnamen haben sich bis in unsere Zeit nur Michael, Gabriel und Raphael als menschliche Vornamen halten können (im Hebräischen ist auch „Uriel" ein verbreiteter Kindername). Auch heute noch steht „Michael" bei der Namensgebung weit vorn in der Beliebtheitsskala.

In der abendländischen Symbollehre ist Gabriel dem Frühling zugeordnet, der Geburt und der Kindheit. Raphael steht für den Sommer und die Jugend, Michael für den Herbst und die Reife, Uriel für den Winter, die Zeit der Ruhe und der Reinigung.

Ganz unten auf der untersten Stufe der himmlischen Heerscharen finden wir die Schutzengel, deren lateinischer Name „Angelus tutelaris" oder auch „Angelus custos" lautet. Sie stehen in der Hierarchie an letzter Stelle, wohl weil sie den Menschen am nächsten sind und ganz direkte Aufgaben für sie zu erfüllen haben. Die Schutzengel haben drei Funktionen: Sie sollen ihren Schützling vor Unheil bewahren, ihn zu rechtem Verhalten anleiten und bei Gott ein gutes Wort für ihn einlegen, wenn er unrecht gehandelt hat.

Nicht nur jedem Menschen, sondern auch jedem Wochentag und jedem Monat ist ein eigener Schutzengel beigegeben, den man bei Bedarf um Hilfe bitten kann. Und zwar wird Raphael dem Sonntag, Gabriel dem Montag, Sammael dem

Dienstag, Michael dem Mittwoch, Zidkiel dem
Donnerstag, Hanael dem Freitag und Kephrael
dem Samstag zugeordnet.

Die Monats-Engel sind Gabriel für den Januar, Ba-
chiel für den Februar, Machidiel für den März, As-
model für den April, Ambriel für den Mai, Muriel
für den Juni, Verchiel für den Juli, Hamaliel für den
August, Uriel für den September, Barbiel für den
Oktober, Adnachiel für den
November und Hanael für
den Dezember.

Auf der gleichen Stufe
finden wir die an-
deren „Alltagsengel"
wie Eroten, Amor
oder die Weih-
nachtsengel. Eroten
und Amor sorgen da-
für, dass Menschen
sich verlieben – viel-
leicht auch dafür, dass
sie beieinander bleiben.
Ihr „täglich Brot" ist es, Lie-
bespfeile zu verschicken,
weshalb sie meistens als
kleine, lockige und sehr ver-
schmitzte Engelchen mit
Köcher, Pfeil und Bogen
dargestellt werden.

Weihnachtsengel haben den verschiedenen Traditionen entsprechend auch unterschiedliche Aufgaben. Was wäre das Weihnachtsfest denn ohne Engel? Nach altem Kinderglauben helfen die pausbäckigen Engelchen dem Weihnachtsmann in der Vorweihnachtszeit bei den Vorbereitungen fürs Fest. Ihr Tätigkeitsgebiet reicht vom Sterneputzen übers Plätzchenbacken (bei Abend- oder Morgenrot sind die Engel besonders fleißig, wie sich am Himmelsglü-

hen ablesen lässt!) bis hin zur Arbeit als Helfer des Weihnachtsmannes, für den sie Wunschzettel entziffern und Spielzeug herstellen. Wenn zerlumpte Teddybären und abgerissene Puppenkinder am Heiligen Abend wieder wie neu unter dem Christbaum sitzen, dann waren es die Engelchen, die diese Wunder bewirkten und dem Weihnachtsmann auf den Schlitten packten.

Auch das Christkind wird oft als Engel dargestellt.

Schnäuze dich behutsam
und spucke nur hinter dir aus –
wegen der Engel,
die vor dir stehen!

Alte Mönchsregel

Der Münchner im Himmel

Ludwig Thoma

Alois Hingerl, Nr. 172, Dienstmann in München, be-
sorgte einen Auftrag mit solcher Hast, dass er vom
Schlage gerührt zu Boden fiel und starb.
Zwei Engel zogen ihn mit vieler Mühe in den Him-
mel, wo er von St. Petrus aufgenommen wurde. Der
Apostel gab ihm eine Harfe und machte ihn mit der
himmlischen Hausordnung bekannt. Von acht Uhr
früh bis zwölf Uhr mittags „frohlocken" und von
zwölf Uhr mittags bis acht Uhr abends „Hosianna
singen". – „Ja, wann kriagt ma nacha was
z' trink'n?", fragte Alois. „Sie werden Ihr Manna
schon bekommen", sagte Petrus.
„Auweh!", dachte der neue Engel Aloisius, „des wird
sche fad!" In diesem Moment sah er einen roten
Radlerengel, und der alte Zorn erwachte in ihm.
„Du Lausbua, du mistiger!", schrie er, „kemmt's es do
rauf aa?" Und er versetzte ihm einige Hiebe mit dem
ärarischen Himmelsinstrument.

*Dann setzte er sich aber, wie es ihm befohlen war,
auf eine Wolke und begann zu frohlocken: „Ha-lä-
lä-lä-lu-u-hu-hiah!"…*

*Ein ganz vergeistigter Heiliger schwebte an ihm vor-
über. „Sie! Herr Nachbar! Herr Nachbar!", schrie
Aloisius, „hamm Sie vielleicht an Schmaizla (eine
Prise Schnupftabak, Anm. d. Red.) bei Eahna?" Dieser lispelte nur „Hosianna!" und flog weiter. „Ja, wos
is denn des für a Hanswurscht?", rief Aloisius.
„Nacha hamm S' halt koan Schmaizla, Sie Engel, Sie
boaniga! Sie ausg'schamta!"*

*Dann fing er wieder sehr zornig zu singen an: „Ha-
ha-lä-lä-lu-u-uh–Himmi-Herrgott-Erdäpfi-Saggra-
ment–lu-uuu-iah!" Er schrie so, dass der liebe Gott
von seinem Mittagsschlafe erwachte und ganz er-
staunt fragte: „Was ist denn da für ein Lümmel heroben?" Sogleich ließ er Petrus kommen und stellte ihn
zur Rede. „Horchen Sie doch!", sagte er. Und sie hör-
ten wieder den Aloisius singen: „Ha-aaaah-läh–
Himmi-Himmi-Herrgott-Saggrament-uuuuh-iah!"…
Petrus führte sogleich den Alois Hingerl vor den lieben Gott, und dieser sprach: „Aha! Ein Münchner! Nu
natürlich! Ja, sagen Sie einmal, warum plärren denn
Sie so unanständig?" Alois war aber recht ungnädig,
und er war einmal im Schimpfen drin. „Ja, was glau-
b'n denn Sie?", sagte er. „Weil Sie da liabe Good san,
müaßat i sinhga, wia 'r a Zeiserl, an ganz'n Dog,
und z' trinka kriagat ma gar nix! A Manna, hat da
ander g'sagt, kriag i! A Manna! Da wennst ma net*

29

gehst mit deim Manna! Überhaupts sing i nimma!"
„Petrus!", sagte der liebe Gott, „mit dem können wir
da heroben nichts anfangen, für den habe ich eine
andere Aufgabe. Er muss meine göttlichen Ratschlüs-
se der bayerischen Regierung überbringen; da
kommt er jede Woche ein paarmal nach München."
Des war Aloisius sehr froh. Und er bekam auch
gleich einen Ratschluss für den Kultusminister Wehner zu besorgen und flog ab.
Allein, nach seiner alten Gewohnheit ging er mit
dem Brief zuerst ins Hofbräuhaus, wo er noch sitzt.
Herr von Wehner wartet heute noch vergeblich auf
die göttliche Eingebung.

Ewigkeit

Karl Valentin

Nun machen sich aber viele Menschen wieder ein anderes Bild vom Jenseitshimmel. Die Engel! Wo kommen sie denn her? Die sind doch nicht unsichtbar, die haben goldenes Lockenhaar, die haben zwei große Flügel und sind nackend, wenigstens die kleineren, die Amoretten. Die Engel waren aber doch früher auch einmal Menschen, deren Seelen ins Jenseits geflüchtet sind. Dort haben sie Flügel bekommen. Das wird aber nur die weiblichen Wesen betreffen, vom ersten bis 30. Lebensjahr. Ich könnte mir nämlich den Herrn Bäckermeister Meier nicht so himmlisch vorstellen, wenn er nackend mit zwei großen Flügeln in den Wolken herumflattert – dann lieber unsichtbar! Die Meinungen gehen also hier sehr auseinander. Nun hat aber dieses angenommene Weiterleben nach dem Tode noch eine andere Seite. Auf Erden lebt der Mensch durchschnittlich 60 bis 70 Jahre und bringt durch Arbeit, Freude, Sorgen, Leid usw. Abwechslung in die Bude. Wie ist das nun im Jenseits? Hier besteht keine Altersgrenze, sondern Ewigkeit. Also in Ewigkeit nur im Jenseits herumfliegen und als einzige Beschäftigung, die uns aus der Bibel bekannt, nur Hosianna singen, das kann die ersten acht Tage ganz unterhaltlich sein, aber man denke sich das ewig – das muss unbedingt langweilig werden.

Der Engel ist mein liebstes Tier

Petr Chudožilov

Der Engel ist mein liebstes Tier. Gleich nach der Gi-
raffe. Als Kind konnte ich stundenlang zuschauen,
wie gegen Abend Engel durch die Luft flitzten. Wenn
das Wetter nach Regen aussah, flogen sie niedriger
als sonst über der Erde. Ähnlich wie die Schwalben.
So niedrig, dass ihre Flügelspitzen in die Pfützen
tunkten. Man brauchte nur die Augen zuzukneifen,
um durch den Schlitz zwischen den Lidern beliebig
viele Engel zu sehen. Sie flogen unheimlich schnell.
Das Sonderbarste an den Engeln war, dass sie beim
Fliegen überhaupt nicht mit den Flügeln schlugen.
Sie hielten sie nur ausgebreitet in der Luft, ohne die
geringste Bewegung. Wie sie das machten? Bis heute
habe ich nicht begriffen, was für einen Trick sie da-
bei anwandten. Passt auf, die Giraffe macht es ein
bisschen ähnlich: Sie bewegt sich zwar mit bewun-
dernswerter Schnelligkeit vorwärts, die Beine schlen-
kern aber nur ganz schlaff. Das Ergebnis ist der
erhabene Giraffenlauf, der dem Engelsflug sehr ähn-
lich sieht. Der Mensch würde bei solch einer trägen
Bewegung bestimmt einschlafen.
Einige Engel werden Seraphim, die Weisen, genannt.
Erstaunlicherweise stammt unser Wort Giraffe vom
arabischen Serafa ab. Sagt mir, sind die erwähnten
Ähnlichkeiten zwischen Engeln und Giraffen tat-
sächlich purer Zufall? Damit ich es nicht vergesse:

Engel und Giraffen haben sogar ähnliche Augen.
Seht nur: riesig, liebevoll, friedfertig, mit wunder-
schönen Wimpern verziert, überzogen von einem
Dunstschleier der Spitzbübischkeit. Um einer Giraffe
in die Augen zu schauen, braucht es freilich Ge-
schicklichkeit oder wenigstens eine außerordentlich
große Gestalt. Bei Engeln ist es etwas einfacher.

Scholastikerprobleme II

Christian Morgenstern

Kann ein Engel Berge steigen?
Nein. Er ist zu leicht dazu.
Menschenfuß und Menschenschuh
bleibt allein dies Können eigen.

Lockt ihn dennoch dieser Sport,
muss er wieder sich vererden
und ein Menschenfräulein werden
etwa namens Zuckerort.

Allerdings bemerkt man immer,
was darin steckt und von wo –
denn ein solches Frauenzimmer
schreitet anders als nur so.

Gebete zum Schutzengel

Heiliger Schutzengel mein,
lass mich dir empfohlen sein.
In allen Nöten steh mir bei
und halte mich von Sünden frei.
Bei Tag und Nacht, ich bitte dich,
beschütze und bewahre mich.
Amen.

Laudetur Jesus Christus

Heiliger Schutzengel,
Gottes liebende Sorge hat dich mir
Zum Begleiter gegeben.
Du bist sein Anruf an mein Gewissen:
Verhilf mir zu klarer Entscheidung.
Du bist seine führende Hand:
Bleibe bei mir Tag und Nacht.
Du bist sein machtvoller Arm:
Kämpfe mit mir für sein Reich.

Gotteslob 34/1

Die Schutzengel unseres Lebens fliegen manchmal so hoch, dass wir sie nicht mehr sehen können, doch sie verlieren uns niemals aus den Augen.

Jean Paul Richter

UNSERE SCHUTZENGEL – EINE LANGE GESCHICHTE

Die Verehrung der Schutzengel ist in unseren Breiten seit dem frühen Mittelalter nachweisbar. Den Höhepunkt ihrer Beliebtheit und Verehrung erreichten die Engel im Hochmittelalter. Für jeden Zweck, zum Schutze jedes Lebewesens und Gegenstands gab es spezielle Engel – ihre Anzahl wuchs auf über 300 Millionen an! Durch die Inquisition, Naturkatastrophen, Hungersnöte, Krankheiten und verheerende Seuchen wie beispielsweise die Pest wurde der Glauben der Menschen in die Schutzkraft der Engel allerdings schwer erschüttert.

Gegen Ende der Renaissance wurden Wissenschaft und Bildung – vormals ein absolutes Privileg der Kirche – vor allem durch den Buchdruck für größere Bevölkerungsschichten zugänglich und verdrängten die Engel immer mehr aus dem öffentlichen Bewusstsein. Der Engelsglaube schwand, da man das Leben rational und „wissenschaftlich" zu erklären versuchte. Die Reformation mit ihrer Bestrebung nach Erneuerung der Glaubensinhalte verneinte zwar die Existenz von Engeln nicht, wandte sich aber gegen einen religiösen Engelkult. Die katholische Kirche jedoch hielt über all diese Zeiten gegen Unglauben und Skepsis an der Verehrung der Engel fest.

Schon der Heilige Bernhard (1091–1153) hatte es für die Pflicht jedes Menschen gehalten, seinen Schutzengel zu lieben, ihn zu ehren und ihm zu vertrauen. So wurde es auch als Bestandteil in die Liturgie der katholischen Kirche übernommen.

Seit dem Jahr 1215 gehört der Glaube an die Existenz von Engeln offiziell zur Lehre der katholischen Kirche. Den Schutzengeln wurde sogar ein eigener Festtag zugesprochen: Seit dem 16. Jahrhundert ist das „Schutzengelfest" in Spanien und Frankreich nachweisbar. Papst Klemens X. (1590–1676) wies ihm den 1. Sonntag im September zu. Pius X. (1835–1914) verlegte es auf den 2. Oktober, an dem es noch immer als „Fest zu Ehren der heiligen Schutzengel" gefeiert wird.

Bis heute werden in der Adventszeit „Engelämter" abgehalten. Das sind Rorate-Messen, Votiv-Messen zu Ehren der Mutter Gottes. In den Alpenländern wird dieser Gottesdienst „Engelamt" genannt, weil das Evangelium von der Verkündigung durch den Engel Gabriel berichtet. Auch die Totenmesse zur Beerdigung eines Kindes erhielt den Namen „Engelamt". Das hängt mit dem Glauben zusammen, dass die unschuldigen Frühverstorbenen unmittelbar als Engel in den Himmel eingehen.

Papst Pius XI. (1857–1939) stand auf besonders gutem Fuß mit seinem persönlichen Schutzengel. Er empfahl öffentlich, dass die Menschen seinem Beispiel folgend morgens und abends mit ihrem Schutzengel kommunizieren und sich in allen schwierigen Situationen Rat und Hilfe holen sollten. Bei wichtigen diplomatischen Gesprächen bat er seinen Schutzengel, mit dem Schutzengel seines Gegenübers Kontakt aufzunehmen, um die Sichtweise des Gesprächspartners besser verstehen zu können.

Sein Nachfolger Johannes XXIII. (1881–1963) blieb hiervon nicht unbeeinflusst. In seinen Radioansprachen ermutigte er die Gläubigen, sich ihrer allgegenwärtigen Schutzengel stets bewusst zu sein, und insbesondere forderte er Eltern auf, bei der Erziehung ihren Kindern das sichere Wissen zu vermitteln, dass sie nicht allein seien, sondern in jedem Augenblick unter dem Schutz ihres Engels stünden.

Im Jahr 1968 sanktionierte Papst Paul VI. (1897 bis 1978) das Opus Sanctorum Angelorum (das „Werk der Heiligen Engel"), eine Bewegung zur Erneuerung und Festigung des Engelglaubens in der Gegenwart.

Und selbst zu Beginn des dritten Jahrtausends bekundete Papst Johannes Paul II. seinen Glauben an die himmlischen Begleiter: „Unser Glaube an Gott umfasst auch die Überzeugung von der Existenz geistiger Wesen, die wir Engel nennen."

Der Schutzengel

Rainer Maria Rilke

Du bist der Vogel, dessen Flügel kamen,
wenn ich erwachte in der Nacht und rief:
Nur mit den Armen rief ich, denn dein Namen
Ist wie ein Abgrund, tausend Nächte tief.

38

Du bist der Schatten, drin ich still entschlief,
und jeden Traum ersinnt in mir dein Samen, –
du bist das Bild, ich aber bin der Rahmen,
der dich ergänzt in glänzendem Relief.
Wie nenn ich dich? Sieh, meine Lippen lahmen.
Du bist der Anfang, der sich groß ergießt,
ich bin das langsame und bange Ahnen,
das deine Schönheit scheu beschließt.

Du hast mich oft aus dunklem Ruhn gerissen,
wenn mir das Schlafen wie ein Grab erschien
und wie Verlorengehen und Entfliehn, –
da hobst du mich aus Herzensfinsternissen
und wolltest mich auf allen Türmen hissen
wie Scharlachfahnen und wie Draperien.

Du: der von Wundern redet wie vom Wissen
und von den Menschen wie von Melodien
und von den Rosen: von Ereignissen,
die flammend sich in deinem Blick vollziehn, –
du Seliger, wann nennst du einmal ihn,
aus dessen siebtem und letztem Tage
noch immer Glanz auf deinem Flügelschlage
verloren liegt…
Befiehlst du, dass ich frage?

Kleine, unvernünftige Kinder, Trunkenbolde und Zirkusartisten haben neunmal stärkere Schutzengel als normale Menschen. Dies nicht etwa aufgrund von guten Beziehungen oder gar Begünstigungen. Ganz und gar nicht! Kinder, Trunkenbolde und Zirkusartisten brauchen sie ganz einfach mehr, denn allzu oft geraten sie in gefährliche Situationen. Nach den geltenden Vorschriften hat jeder Schutzengel sich stets in nächster Nähe seines Schützlings aufzuhalten, um im Bedarfsfall unverzüglich einzugreifen. In dieser Hinsicht sind Engel Feuerwehrleuten ziemlich ähnlich.

Petr Chudožilov

Der Schutzengel: die Sympathie, wir brauchen ihn immerzu. Wir haben ihn als Kind, sonst wären wir längst überfahren, wir wachsen damit auf, wir verlassen uns auf ihn – und dabei ist es nur ein Hauch, was uns schützt, was uns von dem Ungeheuerlichen trennt, von dem Rettungslosen, wo nichts mehr für dich zeugt, kein eigenes Wort, keine eigene Tat.

Max Frisch

Es müssen nicht Männer mit Flügeln sein, die Engel.
Sie gehen leise, sie müssen nicht schrein, die Engel.
Oft sind sie alt und hässlich und klein, die Engel.

Sie haben kein Schwert, kein weißes Gewand, die Engel.
Vielleicht ist einer, der gibt dir die Hand, der Engel;
oder wohnt neben dir, Wand an Wand, der Engel.
Dem Hungernden hat er das Brot gebracht, der Engel.
Dem Kranken hat er das Bett gemacht, der Engel.
Er hört, wenn du ihn rufst in der Nacht, der Engel.

Er steht im Weg und er sagt: Nein, der Engel,
groß wie ein Pfahl und hart wie ein Stein, der Engel.
Es müssen nicht Männer mit Flügeln sein, die Engel.

Rudolf Otto Wiemer

Ich dir nachsiehe
ich dir nachsende
mit meinen fünf fingerlein
fünfundfünfzig engelein.

Mittelalterlicher Reisesegen

Himmlische Heerscharen

Nachtgebet aus dem 19. Jahrhundert

Abends, wenn ich schlafen geh,
vierzehn Englein um mich stehn.
Zwei zu meiner Rechten,
zwei zu meiner Linken,
zwei zu meinen Häupten,
zwei zu meinen Füßen,
zwei, die mich decken,
zwei, die mich wecken,
zwei, die mich weisen,
zu des Himmels Paradeisen.

Zu diesem alten Nachtgebet gibt es eine „modernisierte" Version, die den geplagten Jungs unserer

Zeit wohl eher gerecht wird. Man beachte, dass es sich auch hier um 14 dienstbare Geister handelt – anscheinend braucht ein Junge nun mal so viele! Und was ist mit den Mädchen?!

Dienstbare Geister

Bruno Horst Bull

Im halbdunklen Zimmer schläft das Kind,
wo seine Schutzengel versammelt sind:
Der Engel der Dummejungenstreiche.
Der Engel der Lümmel- und Flegelreiche.
Der Engel der Raufereienausrichter.
Der Engel der Besserungsvorsatzvernichter.
Der Engel der Hausaufgabenverschwitzer.
Der Engel der Wasserpistolenspritzer.
Der Engel der Mütterzurweißglutbringer.
Der Engel der Internetcodebezwinger.
Der Engel der Mädchenzöpfezupfer.
Der Engel der Überdieschulbankhupfer.
Der Engel der Matschunddreckschlammkneter.
Der Engel der Überdiegrenzentreter.
Der Engel der Kleiderschmutzigmacher.
Der Engel der Elternundlehrerverlacher.
Wenn das Kind erwacht zur Morgenzeit,
stehn sie ihm alle zu Diensten bereit.

Nicht so, wie sie sind, erscheinen sie,
sondern so, wie die Sehenden sie sehen können.

Johannes Damascenus

WIE SEHEN ENGEL AUS?

Diese Frage wurde im Lauf der vergangenen
Jahrhunderte sehr unterschiedlich beantwortet.
Beginnend bei den Engelsbeschreibungen in der
Bibel, stößt man schon auf sehr widersprüchliche
Aussagen, z. B.:
„Jeder von ihnen hatte vier Angesichter und vier
Flügel. Und sie hatten Menschenhände unter ihren
Flügeln nach allen ihren vier Seiten. … Ihre Angesichter waren vorn gleich einem Menschen und zur
rechten Seite gleich einem Löwen bei allen vieren
und zur linken Seite gleich einem Stier bei allen
vieren und hinten gleich einem Adler bei allen vieren." (Ezechiel 10, 14).
Oder auch: „Sein Leib war wie ein Türkis, sein Antlitz wie ein Blitz, seine Augen wie feurige Fackeln,
seine Arme und Füße wie helles, glattes Erz und
seine Rede war wie Getön." (Daniel 10, 6).

Kein Wunder, dass diese überirdischen Lichtgestalten, wenn sie sich denn den Sterblichen zeigten, mit dem Gruß „Fürchte dich nicht!" an sie herantraten! In der Bibel erscheinen sie den Menschen im Traum oder in Visionen als Jünglinge in weißen Kleidern, mit einer Aura aus Licht umgeben.

Im Lauf der Zeit haben sich Beschreibungen und Darstellungen dem „Zeitgeschmack" angepasst. Waren Engel in frühchristlicher Zeit zunächst flügellos, ausschließlich männlich oder wurden sogar als grässliche Tiere und Monster dargestellt, so veränderten sie ihre Erscheinungsform später ins krasse Gegenteil.

Alters- und geschlechtslose Engel machten den Anfang. Ab dem 4. Jahrhundert ändert sich die Engeldarstellung: Nach dem Vorbild antiker Viktorien und Genien, beispielsweise der geflügelten griechischen Siegesgöttin Nike, bekommen sie zu ihrer menschlichen Gestalt ihr bis heute wichtigstes Attribut: die Flügel, Symbole freier Götterboten. Engel können sich unbegrenzt in Zeit und Raum bewegen, sie sind nicht den irdischen Gesetzen unterworfen. Flügel sind solar (d. h. der Kraft der Sonne zugeordnet) und stellen die bewegende, schützende und alles durchdringende Macht der Göttlichkeit dar, die Allgegenwart, die Luft, den Wind, den Flug der Zeit und des Gedankens. Die Flügel sind ein Symbol für diese Freiheit und auch für die Geschwindigkeit, mit der die Engel die

Befehle Gottes ausführen. Ausgebreitete Flügel bedeuten göttlichen Schutz, Sicherheit und Vertrauen. Zum ersten Mal werden die Engel nun auch mit Nimbus (Heiligenschein) und Zepter dargestellt. Sie sind weiß gewandet, mit Ausnahme der Abbildung auf griechischen Ikonen. Dort tragen die Engel Rot als Symbol ihres Feuerleibes.

Seit das 4. Laterankonzil im Jahr 1215 offiziell (und sozusagen postfaktisch) die bildliche Darstellung der Engel in menschlicher Gestalt erlaubte, werden sie auch immer jünger: hübsche junge Frauen – im Gegensatz zu den Genien allerdings vollständig bekleidet und natürlich züchtig verhüllt, häufig in ganzen musizierenden Schwärmen auftretend. Außer Schönheit und Anmut zählen auch Glorienschein und Lilien zum Engelsschmuck: Der Glorienschein besteht aus einer Kombination von Heiligenschein (dem Licht, das den Kopf des Engels umgibt) und Strahlenkranz. Und die Lilie in der Hand des Engels ist das Zeichen für Reinheit.

Die Gotik stellt Engel als kleine, unschuldige Kinder dar. In der Renaissance (z. B. Giotto) gewinnen zumindest in der bildlichen Darstellung die Putten die Oberhand – kleine Knaben mit Flügeln oder ohne, nackt oder leicht bekleidet – und die Amoretten, sozusagen Putten mit Liebesaufgaben.

46

Ein Sondertypus ist der „Kopfflügler-Engel": liebliche Mädchengesichter mit lockigem Haar schweben dabei direkt auf bunten Flügelchen einher, als eine Art „Engel ohne Unterleib".

Derart vermenschlicht und verniedlicht, bevölkert das „himmlische Geflügel" bald nicht mehr nur Kirchen und Gemälde, sondern lässt sich zunehmend auch im Alltagsleben nieder. Neue farbige Druckverfahren erlauben die Massenproduktion von Bildern und verbreiten unzählige Engelmotive auf Taufbriefen, Andachtsbildchen und Kommunionkarten. Die frommen, mütterlichen Schutzengelfiguren wachen über die Kinder beim Morgen- und Abendgebet, sie begleiten sie auf ihren Wegen, schützen sie vor Abgründen und brüchigen Stegen. Während des 1. Weltkriegs werden Schutzengel für die Soldaten per Postkarte verschickt und auch in den Totenbriefen gefallener Krieger erscheinen Engel, meist in Gestalt ernster junger Frauen, die die Sterbenden stützen, bergen und segnen.

Als bürgerlicher Wandschmuck feiert der Schutzengel der katholischen Andachtsgraphik fröhliche
Urständ', und die Poesiealben und unzähligen
Kitschartikel des vergangenen Jahrhunderts legen
ein beredtes Zeugnis von seiner Beliebtheit ab.
Ein besonders schönes Beispiel sind die beiden
Raffael-Engel, die eigentlich auf einer Holzbrüstung
zu Füßen der „Sixtinischen Madonna" wachten. Ein
genialer Unbekannter kam auf die Idee, sie auf eine Wolke zu versetzen und damit vereinzelbar zu
machen. Ohne Scheu wurden sie nun auch seiten-
verkehrt abgedruckt, was ihnen den Spitznamen
„Rechts-links-Engel" einbrachte.

Gleichzeitig bemächtigt sich auch die „hohe Kunst"
von neuem des Engel-Motivs. Unter anderen wen-
den sich Max Beckmann, HAP Grieshaber, Pablo
Picasso und Ernst Barlach in ihren Werken nach
den beiden Weltkriegen religiösen Themen zu. Ihre
Engel haben nichts von der unverfänglichen Nied-
lichkeit und Beliebigkeit der populären Druckgra-
phik. Sie sind Mahner-, Verkünder-, Trauer- oder
auch Rächergestalten und bringen wieder etwas
von der alttestamentarischen Strenge, Kraft und
Macht der Cherubim und Seraphim mit sich. Ernst
Barlachs „Schwebender Engel" im Dom zu Güs-
trow ist bis heute ein Mahnmal und Besichtigungs-
muss für jeden Besucher der Stadt.

Anders Marc Chagall, dessen Engel als tröstliche Lichtgestalten verstanden werden können. Ein ganz besonderes Verhältnis zu Engeln muss wohl Paul Klee gehabt haben: Immer wieder hat er dieses Thema aufgegriffen, insgesamt gibt es ca. 50 Engel-Blätter von seiner Hand, wovon mehr als 30 in seinen letzten beiden Lebensjahren entstanden sind. Seine Engel bestehen meist nur aus einem einzigen Strich, einige sind auch – sehr verhalten – farbig. Es gibt sehr unterschiedliche Engel-Typen: den „Engel voller Hoffnung", den „vergesslichen" und den „armen" Engel (sogar den „hässlichen" Engel), den „Schellen-Engel", „Engel noch weiblich" und „Engel noch tastend", aber eines haben alle diese Darstellungen gemeinsam: Keiner von Klees Engeln wirkt bedrohlich, sie alle sind eher leicht, nachdenklich und heiter und der Betrachter kann in ihnen seinen eigenen Engel suchen gehen …
Bis in die Moderne hinein wirkt das Bild der Engel in den Werken von F.W. Bernstein, Anselm Kiefer, Niki de Saint-Phalle oder Andy Warhol.
So viele Engel, so viele Bilder – und doch hat jeder von uns seine ganz persönliche Vorstellung, wie ein Engel aussehen muss bzw. wie sein Schutzengel aussieht. Denn Engel lassen sich nicht in Schablonen pressen, standardisieren wie Erzeugnisse vom Fließband, Engel sind – wie Menschen – eben einfach Individuen!

*Freundschaft macht die Menschen
Gottes Engeln gleich,
macht sie froh im Kummer,
in der Armut reich.*

*Drei Engel mögen dich begleiten
in deiner ganzen Lebenszeit
und die drei Engel, die dich leiten,
sind: Liebe, Glück, Zufriedenheit.*

*Blüh an deiner Eltern Seite,
wachse tugendhaft heran
und ein Engel Gottes leite
dich auf deiner Lebensbahn.*

*Stets sei vergnügt. Genieße reine Freuden,
die der Allmächtige uns gab.
Und treffen ferner dich auch Leiden:
Es wischen Engel Tränen ab.*

*Ich ließ zwei Täubchen fliegen
mit Blumen hin zu dir.
Ein Engel flog daneben,
soll grüßen dich von mir.*

Poesiealbum-Sprüche

In stillen, nie gestörten Freuden
durchwandle deine Lebensbahn.
Ein Engel sei um deine Leiden,
    um deinen ganzen Lebensplan.
        Sanft wie die ersten Frühlingskränze
        fall deiner Jahre Blüte ab.
            Schön wie das Abendrot umglänze
            der Himmel einst dein spätes Grab.

    Wer Engel sucht in dieses Lebens Gründen,
der findet nie, was ihm genügt.
Wer Menschen sucht, der wird den Engel finden,
der sich an seine Seele schmiegt.

Christoph August Tiedge

    Mög der Himmel dich bewahren
        vor Gefahren, Schmerz und Pein.
        Möge stets ein guter Engel
            deines Lebens Hüter sein.

Auf des Lebens rauem Weg begegnet
jeder einem Engel, der ihn segnet,
wenn er ihn erkennt und ihn versteht
und nicht blind an ihm vorübergeht.

Ein Engel ist jemand,
den Gott dir ins Leben schickt,
unerwartet und unverdient,
damit er dir,
wenn es ganz dunkel ist,
ein paar Sterne anzündet.

Phil Bosmans

Wie viele Engel gibt es?
Einer, der unser Leben verändert, genügt völlig.

Sprichwort

DIE SCHUTZENGEL
IN UNSEREM ALLTAG

Im heutigen Lebensalltag ist wohl jedem einmal so etwas passiert: Von irgendwoher kommt plötzlich eine gute Idee, ein Geistesblitz, ein schönes Erlebnis, ein gutes Gefühl, eine Begegnung, eine Erinnerung – und wir fühlen uns so, als wäre uns „ein Licht aufgegangen", als hätte jemand „ein paar Sterne angezündet". Das kann durchaus unser Schutzengel gewesen sein…

Häufig kommt uns unser Engel gerade in unangenehmen, aussichtslosen oder gefährlichen Situationen zu Hilfe: bei kleinen und großen Katastrophen des Alltags, wenn wir uns angesichts der Anforderungen in der modernen Gesellschaft bedroht, überfordert oder allein gelassen fühlen, wenn unsere bewährten Lebensformen wie Ehe und Familie zu scheitern drohen oder wir mit unserer Angst vor dem Jenseits, der Ungewissheit zurecht kommen müssen. Unser Schutzengel spendet uns Trost, flößt uns Mut ein und zeigt uns das Licht am Ende des Tunnels.

Manchmal sind Schutzengel unsichtbar, manchmal kann sich auch ein Mensch als „Engel" entpuppen, der uns seine Hilfe, seine Liebe oder seinen Schutz anbietet. Sie sind immer für uns da. Wir müssen sie nur erkennen.

Das wird uns im Alltag bisweilen richtig leicht gemacht: Wer kann schon die „blauen Engel" übersehen, die auf umweltfreundlichen Produkten abgebildet sind? Und so mancher hat in Notfällen die Hilfe der „gelben Engel", der freundlichen Pannenhelfer und -helferinnen von der Straßenverkehrswacht, in Anspruch genommen. Es gibt einen „Schutzengel e.V." für Gehörlose und Sprachgeschädigte. Und eine „Aktion Schutzengel", die gegen Sextourismus und Kinderprostitution kämpft. Natürlich macht auch die Werbung vor den Engeln nicht Halt: Manches, ob Sekt oder Selters,

Versicherungsleistung, Dessous, weihnachtliche Buchwerbung, Parfüm, Toilettenpapier oder Kräuterfrischkäse, lässt sich eben als „himmlisches Produkt" besonders gut verkaufen! Für die moderne Technikindustrie scheinen die Engel sich als besonders werbewirksam zu erweisen (vielleicht weil sie so kabellos überall anwesend zu sein vermögen). Von der Deutschen Telekom über Automarken (Ford Fiesta) bis zur neuesten Sensortechnik von Mercedes werden sie herbeizitiert: „Moderne Schutzengel haben keine Flügel. Sondern Sensoren."

Wie lebendig die Sehnsucht nach den himmlischen Begleitern in unserer Gegenwart ist, zeigt ein Blick ins „Verzeichnis lieferbarer Bücher". Zum Stichwort „Engel" erscheinen hier derzeit 1.545 Titel!
Kennzeichnend ist auch die Vielfalt der Filme und Fernsehserien, in denen sich Engel unterschiedlichster Provenienz und Funktion unter die ahnungslose Menschheit mischen. Das Thema ist fast so alt wie die Filmgeschichte selbst, erfährt aber heutzutage einen unerhörten Aufschwung.

Im Jahr 1920 wird in Charlie Chaplins „The Kid"
ein ganzer amerikanischer Slum in ein Paradies
verwandelt, in dem alle Flügel tragen, bis hin zum
Hund!
Die Inkarnation eines Engels für Filmregisseure
scheint Marlene Dietrich gewesen zu sein. Sie
spielt allein in drei Filmen mit, in deren Titel ein
Engel vorkommt („Der blaue Engel", Deutschland
1930, Regie: Josef von Sternberg, „Angel/Engel",
USA 1937, Regie: Ernst Lubitsch, und „Rancho No-
torious/Engel der Gejagten", USA 1951, Regie: Fritz
Lang). Nur im letzten der drei Filme, in „Engel der
Gejagten", erweist sie sich auch wirklich als Engel,
indem sie für einen unschuldig als Mörder Verur-
teilten stirbt. Ansonsten ist sie wenig engelsgleich,
ein unergründliches, unnahbares Weib mit zer-
brechlichem Äußeren und zerstörerischer Wirkung,
das nur scheinbar wie ein Engel auf die Männer-
welt wirkt. Das hat ihr schon Asta Nielsen, der be-
kannte Stummfilmstar, 1913 in „Engelein" vorge-
macht, die – ebenso wie Jean Simmons 1952 in
„Angelface/Engelsgesicht" – mit ihrem unschuldigen
Aussehen die Männer betört und so alles erreicht,
was sie sich vornimmt.
Unvergesslich der männliche „Schutzengel", den
Cary Grant in „The Bishop's Wife/Jede Frau braucht
einen Engel" (USA 1947, Regie: Henry Koster) für
Loretta Young darstellt. Mit gewohntem Charme
erfüllt er den himmlischen Auftrag, das Herz des

völlig überarbeiteten, karrieresüchtigen Bischofs
wieder für die Liebe zu seiner vernachlässigten
Frau zu öffnen.

In „A Matter of Life and Death/Jenseits" (GB 1947,
Regie: Michael Powell) wird ein versehentlich zu
früh von der Erde abberufener Pilot (David Niven)
vom himmlischen Engelsgericht wieder auf die Erde zurückgeschickt. Die Engelszenen sind in
Schwarzweiß gedreht und heben sich somit ganz
besonders vom ansonsten farbigen Film ab. Im
gleichen Jahr erschien „Ist das Leben nicht schön?"
mit James Stewart in der Hauptrolle, ein rührender
Film, der bis heute alle Jahre wieder im Weih-
nachtsprogramm wiederholt wird.

„We're no Angels/Wir sind keine Engel" (USA 1955,
Regie: Michael Curtiz) zeigt, wie sich selbst gesell-
schaftlich gering geachtete Menschen in Engel ver-
wandeln können: Im Gegensatz zur Titelformulie-
rung erweisen sich nämlich die drei Hauptfiguren
(u. a. Humphrey Bogart und Peter Ustinov), die aus
dem Zuchthaus (auf der „Teufelsinsel"!) ausgebro-
chen sind, an einem Weihnachtsabend für eine
französische Kaufmannsfamilie durchaus als Engel
(wider Willen) – und kehren anschließend, mit
Heiligenscheinen versehen, freiwillig in den Knast
zurück.

Mit „Der Himmel über Berlin" von Wim Wenders
(1987; Engel: Bruno Ganz und Otto Sander), für
den der Regisseur 1995 den Ehrendoktor der

Theologischen Fakultät der Universität Fribourg/
Schweiz verliehen bekam, beginnt eine neue Ära
von Engelfilmen. In „Stadt der Engel" (Engel: Ni-
cholas Cage), „Michael" (Engel: John Travolta) oder
„Lebe lieber ungewöhnlich" (Engel: Holly Hunter)
begegnen sie uns im Alltag – ob wie in Kinderträu-
men mit großen Flügeln, ob völlig unerkennbar in
langen Trenchcoats, ob als Lichtgestalten oder fast
menschlich in ihren Gefühlen… Sie sind unter uns,
werden uns geschickt und erfüllen ihre Aufgaben
mit mehr oder weniger großem Erfolg. Eben fast
wie im richtigen Leben, oder?
Sportbegeisterte Engel verhelfen einer erfolglosen
Football-Mannschaft zum großen Sieg: Als Footbal-
ler mit Lichtaura, die sogar „tricksen" können (aber
nicht wirklich falsch spielen, natürlich), treten Engel in „Angels in the Deadzone/Ein Engel spielt
falsch" (USA 1997, Regie: Gary Nadeau) auf.
Und einen etwas trampeligen Schutzengel stellt der
Weihnachtsmann in „E-Mail an Gott" (BRD 1999,
Regie: Bernd Böhlich) einem Kind zur Seite, das
seinen Vater sucht.
Ja sogar Krimiserien, z. B. „Drei Engel für Charlie"
oder „Zwei Engel auf Streife", bemühen Engel (mit
teils sehr fragwürdigen Schutzengel-Methoden) im
Kampf um die Einschaltquoten. Die Serie „Ein
Hauch von Himmel" handelt von zwei weiblichen
Engeln (einer Schwarzen und einer Weißen), die in
ihrer Eigenschaft als Schutzengel im Erden-Alltag

mit unterschiedlichsten menschlichen Problemen konfrontiert werden.

Engel über Engel, rund um uns herum! Ob wir „E-" oder „U-Musik" anstellen: kein Wunder, dass wir an den musizierenden und Lob singenden Himmelswesen nicht vorbeikommen. Bach und Händel, Mahler und Wagner, Debussy und Satie, Messiaen und Stockhausen, Berg und Hindemith widmeten ihnen eindrucksvolle musikalische Werke. Amerikanische Engelforscher haben festgestellt, dass in 40 Jahren Popmusik in mehr als zehn Prozent aller Lieder mindestens ein Engel vorkommt. Auch der deutsche Schlager, von Jürgen Marcus („Engel der Nacht") über Roland Kaiser („Engel haben niemals frei") bis hin zu Marius Müller-Westernhagen

(„Engel"), mixt hier geschäftig mit. Und selbst
wenn sie sich „No Angels" nennen (eben gerade
keine Engel!) – der Rückgriff auf das Engelthema
ist offensichtlich bis heute ein publikumswirksamer
Schachzug auch bei ganz jungen Leuten, die in der
Unterhaltungswelt Erfolg suchen.

Bei dieser Inflation der Engel, die uns aus allen
Medien entgegenrauschen, -flattern, -winken, ist es
sicher nicht immer leicht zu unterscheiden: Wo ist
nun eigentlich ernsthafte Auseinandersetzung, gar
Lebenshilfe angesprochen, wo wird auf die primi-
tivsten sentimentalen
Gefühlskanäle
gezielt, wo lau-
ert nichts als
Verführung
und die Gier
nach dem
schnöden
Mammon? Wo
bleibt ein Platz
für unseren
persönlichen
Schutzengel in
all dem Engel-
gedrängel?

Engel – lass die Zeit stillstehn
Deck mich mit deinen Flügeln zu
Und lass mich eine Weile ruhn
Der Weg war weit
Der Weg war weit.
Als die Götter dich gesandt
Hab ich dich nicht einmal erkannt
Du bist zu wahr
Um wahr zu sein.
Engel, das wär schön
Lass die Zeit stillstehn
Lehr mich zu verstehn
Lehr mich dankbar sein
Engel – lass uns Wunder tun
Die Welt soll wissen, warum
Sich zu lieben lohnt
Engel – das wär schön.
Meine Seele war vereist
Und mein Herz war längst vergreist
Alles – was ich dachte
War warum.
Du hast mich in Licht getaucht
Hast mir gezeigt – dass – wenn ich glaub
Meine Sehnsucht
Sterne schmelzen kann.
Engel – lass die Zeit stillstehn
Lehr mich zu verstehn
Lehr mich dankbar sein
Engel – lass uns ein Wunder tun

Die Welt soll wissen – warum
Sich zu lieben lohnt
Engel – das wär schön.
Deck mich mit deinen Flügeln zu
Und lass mich eine Weile ruhn
Der Weg war weit
Der Weg war weit.

Marius Müller-Westernhagen

Wenn Engel Adressen hätten,
wäre manches leichter.
Man könnte ihnen schreiben,
sie anrufen, sie besuchen.
Sie hätten immer Zeit für uns
und ein offenes Herz,
wie es sich für Engel gehört.
Wir könnten mit ihnen Musik hören
und eventuell die Nacht verbringen.
Am nächsten Morgen würden wir
die Welt mit anderen Augen sehen.
Und nichts könnte uns hindern,
so lange zu bleiben,
bis auch uns Flügel gewachsen sind.
Wenn Engel Adressen hätten,
gäbe es bald keine Fußgänger
mehr in unseren Städten.

Hans Kruppa

Die Schutzengel in unserem Alltag

Wie hab ich zweifeln können? Das war nicht ich, der einen Augenblick lang dachte, du wärst der Wind, mein Engel. Wie weiß dein Kleid ist, Schnee liegt auf deinem Haar, es fällt so dicht da draußen, daß ich nicht sehen kann, wie viele hinter dir sind. Es müssen viele sein, ein Heer? Darf ich auch näher kommen? Soll ich beten? Wie still du stehst! Darf ich die angelaufenen Scheiben öffnen? Ich will dich besser sehen, sehen will ich, wie du fliegen kannst! Beweg dich doch! Wie groß sind deine Flügel? Was hast du an den Füßen? Ich will dir öffnen, komm herein mein Engel, wirf alles um mit deinen breiten Flügeln und sei willkommen! Aber schon während ich auf das Fenster zukam, sah ich, daß der Engel abwehrend den Kopf bewegte, und erinnerte mich, daß meine Schwester immer sagte, man dürfte ihnen nicht ins Gesicht schauen, und ich erkannte, daß er den Saum seines Kleides nicht berührt haben wollte.

Ilse Aichinger

62

Mache dich mit Engeln vertraut und betrachte sie oft im Geiste; denn auch wenn man sie nicht sieht, sind sie doch bei dir.

Hl. Franz von Sales

VOM UMGANG MIT ENGELN

Wie notwendig Engel für uns sind, wusste bereits Martin Luther, der Reformator (1483–1546), selbst ein glühender Engelverehrer, dessen Morgen- und Abendsegen den Schutz der himmlischen Bodyguards beschwört: „Dein heiliger Engel sei mit mir, dass der böse Feind keine Macht an mir findet." Von ihm stammen auch die Worte: „Wo Gott auch nur an einem Tage die Welt durch die Engel nicht regierte, so würde bald in einem Hui das ganze menschliche Geschlecht gar vergehen, der Teufel würde alles verderben." Und schließlich: „Wo zwanzig Teufel sind, da sind gewiss auch hundert Engel. Wenn dem nicht so wäre, dann wären wir schon längst zugrunde gegangen." Wie man aber mit ihnen umgehen sollte, dafür gibt er keine Anleitung.

Gibt es ein Protokoll für den Umgang mit den geflügelten Wesen? Darf man sie überhaupt ansprechen oder muss man in Demut abwarten, bis sie anheben, ihre himmlische Botschaft zu verkünden? Der Heilige Augustinus (354–430), einer der größten Kirchenlehrer des Abendlandes, dachte da schon lockerer. Er empfahl den Menschen: „Oh Mensch, lerne tanzen, sonst wissen die Engel im Himmel nichts mit dir anzufangen."

Freude, Heiterkeit und Gelassenheit sind sicher für den Umgang mit den himmlischen Begleitern angeraten. Ein missmutiger, freudlos in sich verschlossener Mensch wird sich schwertun, die guten Mächte und die Kraft der Engel auf sich zu ziehen.

Auch Hektiker und Zeitgestresste machen nicht nur sich, sondern auch ihrem Schutzengel das Leben schwer. Engel haben unendlich viel – ewig – Zeit, wir Menschen nicht. Eine unabdingbare Voraussetzung für den inneren Kontakt mit unserem Schutzengel ist die Offenheit und die Bereitschaft, den wirklich wichtigen Dingen unseres Lebens Zeit und Raum zu geben.

Wenn man Engel als „Seelen im Zustand der Läuterung" versteht, also als verstorbene Menschen, die auf ihrem Weg zur ewigen Seligkeit noch einige Aufgaben zu erfüllen haben, kann man ihnen vielleicht den Weg erleichtern, indem man sie in ihren Pflichten unterstützt, sich auf sie einlässt und ihnen so Gelegenheit gibt, ihr Ziel zu erreichen.

Da Engel aber auch Kinderseelen sein können –
denn wenn Kinder früh sterben müssen, brauchen
ihre Seelen nicht geläutert zu werden, weil sie ja
noch vollkommen unschuldig sind und gleich „in
den Himmel" dürfen – empfiehlt sich auch der lie-
be- und hingebungsvolle Umgang mit ihnen, wie
man eben kleine Kinder bedingungslos liebt und
ihnen Kummer ersparen möchte.

Vielleicht stimmt es ja wirklich, dass die Engel traurig werden, wenn wir böse sind – wie man uns als
Kindern manchmal erzählt hat, wenn es so sehr
regnete: „Da weinen die Engel!" Dass die armen
Schutzengel allerdings schwarze Flecken auf ihren
Flügeln oder Heiligenscheinen bekommen, die sie
nur unter großen Mühen wieder wegputzen können, wenn ein Kind lügt oder nicht gehorcht, ist
wohl eher ein böses pädagogisches Gerücht.

Wie man nun mit diesen Begleitern am besten um-
geht, ob man sie überhaupt wahrnimmt, ob man sie
als gottgegeben annehmen oder verstandesmäßig
ignorieren will, ob man mit ihnen spricht und sie
mit Bitten und Wünschen bestürmt, ob man sie
wirklich sehen oder auch nur ahnen kann – ich
denke, im Umgang mit Engeln kann man nichts
falsch machen. Denn sie sind einfach für uns da,
ohne Erwartungen oder Gegenforderung. Ihr Sinn
oder ihre Aufgabe liegt allein darin, den Menschen
beizustehen und sie durch ihren Alltag zu begleiten.

Engel oder Katze?

*Hilfreiche Hin-
weise über das
Zusammenleben
mit Engeln und
Katzen*

Edith Schreiber-Wicke

*Engel sind in Woh-
nungen nur schwer
zu halten.
Ihre Flügelspannweite verlangt hohe – möglichst
himmelhohe – Räume.
Katzen dagegen tragen zur Gemütlichkeit eines
Heims wesentlich bei.*

*Engel mögen's kühl. Am liebsten zwischen 9 und
12 Grad Celsius. Unvermeidliche Folge für den
Menschen: Schnupfen.
Katzen mögen's warm. Häufige Folge für den
Menschen: ein Kachelofen.*

*Engel verzehren ausschließlich Manna, welches an-
geblich vom Himmel fällt. Was aber, wenn es nicht
fällt? Dosen-Manna wird man vergeblich suchen.
Katzen sind vergleichsweise unkompliziert und bei
Bedarf auch Selbstversorger.*

Engel sind, wie die meisten geflügelten Wesen, an Streicheleinheiten nicht interessiert.
Katzen schon.
Engel singen „Halleluja" und spielen Harfe, wenn sie sich wohl fühlen.
Katzen machen einen weiten Bogen um eventuell herumstehende Harfen und schnurren unauffällig.

Engel lieben lange Gespräche darüber, was das Gute am Menschen sein könnte.
Katzen wissen, dass das Gute am Menschen seine Katze ist.

Engel wohnen nur bei fehlerfreien Menschen.
Weshalb sich die Entscheidung „Engel oder Katze" für dich und mich sowieso erübrigt.

KÖNNEN ENGEL ALTERN?

Im Allgemeinen gehen wir davon aus, dass Engel alterslos sind. In dem Moment, da sie zu Engeln werden, geht ihnen die überaus irdische Eigenschaft des Älterwerdens verloren – übrig bleibt die reine, körperlose Seele, die für Alterserscheinungen aller Art absolut unanfällig ist: keine Zipperlein und Schmerzen mehr, keine Falten, kein Haarausfall, keine Anzeichen von Vergesslichkeit… Aber vielleicht trifft das ja für Schutzengel und Liebesengel, die immer um den Menschen sind und ihn Tag für Tag, Woche für Woche, Jahr um Jahr begleiten „müssen", gar nicht zu?

Meine Frau ist wie ein Engel, sie vergeht vor Liebe zu mir. Auch ich habe sie einmal bis zum Wahnsinn geliebt, gewiss. Aber die Engel altern. Eines Morgens wacht man auf und ist überrascht, einen alten Engelkopf mit Haarwickeln neben sich auf dem Kissen zu finden. Hätte Gott gewollt, dass Liebe ewig ist, so hätte er auch dafür gesorgt, dass auch das, was uns begehren lässt, von Dauer ist. Wenn ich tue, was ich nicht lassen kann, bin ich mir bewusst, seinen Absichten blind zu gehorchen.

Jean Anouilh

*Engel voll Frohsinn, kennst du die
Angst, die Scham, die Reue, das Schluchzen und
den Gram und das ungreifbare Entsetzen jener
grausen Nächte, die das Herz zusammenpressen wie
Papier, das man zerknittert? Engel voll Frohsinn,
kennst du die Angst?*

*Engel voll Güte, kennst du den
Hass, die Fäuste, die sich ballen im Finstern und die
Galletränen, wenn die Rachsucht auf ihrer Höllen-
trommel die Schlegel rührt und den Befehl sich an-
maßt, über unsere Kräfte? Engel voll Güte, kennst du
den Hass?*

*Engel voll Gesundheit, kennst du
die Fieberschauer, die an den großen Mauern
des fahlen Siechenhauses hinschleichen
gleich Verbannten, schleppenden Fußes
den spärlichen Sonnenschein suchend und
lautlos die Lippen regend? Engel voll Gesundheit,
kennst du die Fieberschauer?*

*Engel voll Schönheit, kennst du
die Runzeln und die Angst zu altern und jene
grässliche Qual in Augen, aus denen unsre Augen
lange gierig tranken, den geheimen Abscheu
der Ergebenheit zu lesen? Engel voll Schönheit,
kennst du die Runzeln?*

Charles Baudelaire

Ich war damals schon zu groß, um es einfach hinzunehmen, ich hatte zu lange daran geglaubt (dass es Engel gibt, Anm. d. Red.), und wenn sie mich getäuscht hatten, so hatten sie mich zu lange getäuscht. Ich wollte ein Zeichen, ich wollte plötzliche Heere von Engeln über die Plätze brausen hören, ich wollte alle Spötter zu Boden fallen sehen. Aber die Engel kamen nicht. Schwärme von Tauben flogen auf und kreisten unter dem stillen Himmel. Aber der Himmel war kein Himmel mehr, der Himmel war nur Luft. Sie hatten mich lächerlich gemacht, sie hatten mich verächtlich gemacht, zu lang hatte ich den hellen Rauch für weiße Kleider gehalten und das Nachhallen der Morgenglocken für das Rauschen von Engelsflügeln. Sie hätten mich warnen sollen, und ich hätte es abgetan wie alle anderen, wie nichts, aber jetzt war es zu spät. Die Engel waren keine kleinen Engel mehr, keine Putten mit runden Gesichtern und kurzen, hellen Locken, die Engel waren größer geworden, ernster und heftiger, sie waren, wie ich selbst, im letzten Jahr zu schnell gewachsen. Denn die Engel, die mit uns zur Welt kommen, sind nur am Anfang so klein wie wir, sie wachsen mit uns, werden wilder und stärker, und ihre Flügel wachsen mit ihnen. Je älter wir werden, desto schwerer wird der Kampf.

Ilse Aichinger

*Kein Mensch, ob Kind oder Er-
wachsener, hält doch sein eigenes
Alter für das richtige. Immer liegt es für
ihn ein paar Jahre drunter oder drüber,
und auf genau die gleiche Weise denkt er
sich auch das ideale Alter für die Himmelsbe-
wohner zurecht. Und meint außerdem, diese
seien alle unabänderlich auch noch wunschlos
glücklich und zufrieden. – Und dabei ist doch schon
der Gedanke absurd, im Himmel könne es Dinge geben, die für alle Ewigkeit unabänderlich seien…
Stellen Sie sich doch einmal einen Himmel vor, der
allein mit siebenjährigen Knirpsen bevölkert wäre,
die nichts anderes im Kopf haben, als nur mit Mur-
meln oder Reifen zu spielen!*

Mark Twain

Wiegenlied

Johann Wilhelm Ludwig Gleim

Schlaf und träume, liebes Kind,
träume, dass die heiligen Engel,
Kinder Gottes ohne Mängel,
deine Spielgesellen sind.

Schlaf und träume, liebes Kind,
dass die Kinder hier auf Erden
sterblich sind und Engel werden,
wenn sie fromm gewesen sind.

DER TODESENGEL

Ein ganz besonderer Engel ist der Todesengel.
Dass er nicht etwa des Menschen Feind, sondern
vielmehr sein Freund ist, verdeutlichen die folgenden Märchen und Gedichte.
Die auf vielen Friedhöfen zu findenden Engelfigu-
ren werden im Gegensatz zu „gewöhnlichen" Engeln oft dunkel und alt dargestellt. Sie halten einen
Palmzweig in der Hand, das Symbol des Sieges,

oder auch einen Pilgerstab als Symbol für Bereitschaft. Sie gehen besonders behutsam mit den Sterbenden um. Mit einem Kuss führen sie die Seele in
eine andere Welt.

Menschen, die persönliche Engelerfahrungen und
auch Nahtod-Erlebnisse hatten, beschreiben sehr
oft, dass sie sich von hellen Lichtgestalten geleitet
fühlten. Die Todesengel in diesen „neuzeitlichen"
Schilderungen haben selten Flügel oder Heiligen-
scheine, immer aber sind sie licht, freundlich und
um das Seelenheil des Menschen, dem sie begegnen, besorgt. Sehr oft kommen sie den Betroffenen
bekannt vor, so als wären sie einander schon begegnet, und in den meisten Fällen fühlt man sich
bei ihnen geborgen und in guter Obhut. Diese Todesengel machen den Sterbenden keine Angst, sie
sind vielmehr dazu da, sie in eine andere Welt zu
geleiten und zu begleiten – damit man sich nicht
so allein gelassen fühlt.

Wir sind Engel mit nur einem Flügel.
Um fliegen zu können,
müssen wir einander umarmen.

Grabspruch

73

Der Todesengel

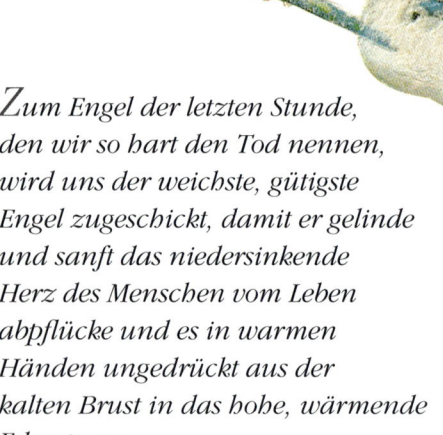

Zum Engel der letzten Stunde,
den wir so hart den Tod nennen,
wird uns der weichste, gütigste
Engel zugeschickt, damit er gelinde
und sanft das niedersinkende
Herz des Menschen vom Leben
abpflücke und es in warmen
Händen ungedrückt aus der
kalten Brust in das hohe, wärmende
Eden trage.
Sein Bruder ist der Engel
der ersten Stunde, der den Menschen
zweimal küsset, das erste Mal,
damit er dieses Leben anfange, das
zweite Mal, damit er droben ohne
Wunden aufwache und in das
andere lächelnd komme, wie in
dieses Leben weinend.

Jean Paul

74

Die sieben Boten des Todesengels

Jüdisches Märchen

Ein Araber sah im Traum den Todesengel vor sich stehen. Er flehte ihn an: „Herr, verschone mich, denn ich bin ein armer Mann und habe kleine Kinder und besitze nichts, was ich ihnen vererben kann. Warte doch, bis ich mir etwas erspart habe." Da erbarmte sich der Todesengel. Der Araber dankte ihm für seine Güte und bat ihn, ihm einen Boten zu schicken, bevor er das nächste Mal komme, damit er sich vorbereiten könne.

Die Zeit verging und der Mann wurde reich und verheiratete seine Söhne und Töchter, bis er schließlich unheilbar erkrankte. Da erschien ihm wieder der Todesengel und stand mit gezücktem Schwert vor ihm. Und der Araber sagte zu ihm: „Warum bist du so plötzlich gekommen, da du mir doch versprochen hattest, dich durch einen Boten ankündigen zu lassen?"

Und der Todesengel erwiderte: „Ich habe dir nicht nur einen Boten geschickt, sondern sieben."

„Ich habe keinen gesehen", sagte der Araber.

Und der Todesengel lachte und erwiderte: „Der erste war deine Sehkraft, die früher so scharf war und heute so schwach ist, dass du nichts mehr siehst. Der zweite deine Ohren, die nicht einmal den Ton einer Trompete mehr vernehmen können. Der dritte

*deine Zähne, mit denen du früher Steine zermalmen
konntest und die dir ausgefallen sind. Der vierte Bote
war dein Haar, das heute weiß wie Kalk ist. Der
fünfte deine Gestalt, die einst hoch und aufrecht war
wie eine Palme und die heute gebeugt ist wie ein Bogen. Der sechste Bote: deine Beine, mit denen du
heute nur noch am Stock gehen kannst. Und der
siebte war dein Appetit. Einst haben dir alle Speisen
geschmeckt und heute mundet dir nichts mehr.
Diese sieben Boten habe ich dir geschickt."
Darauf fand der Araber keine Antwort und gab
seine Seele dem Todesengel hin.*

Chor der Wolken

Nelly Sachs

*Wir sind voller Seufzer, voller Blicke
Wir sind voller Lachen
Und zuweilen tragen wir eure Gesichter.
Wir sind euch nicht fern.
Wer weiß, wie viel von eurem Blute aufstieg
Und uns färbte?*

Der Todesengel

Wer weiß, wie viel Tränen ihr durch unser Weinen
Vergossen habt? Wie viel Sehnsucht uns formte?
Sterbespieler sind wir
Gewöhnen euch sanft an den Tod.
Ihr Ungeübten. Die in den Nächten nichts lernen.
Viele Engel sind euch gegeben
Aber ihr seht sie nicht.

Meine Mutter

Else Lasker-Schüler

War sie der große Engel,
Der neben mir ging?
Oder liegt meine Mutter begraben
Unter dem Himmel von Rauch –
Nie blüht es blau über ihrem Tode.
Wenn meine Augen doch hell schienen
Und ihr Licht brächten.
Wäre mein Lächeln nicht versunken im Antlitz,
Ich würde es über ihr Grab hängen.
Aber ich weiß einen Stern,
Auf dem immer Tag ist,
Den will ich über ihre Erde tragen.
Ich werde jetzt immer ganz allein sein
Wie der große Engel,
Der neben mir ging.

*Jeder Mensch hat einen guten
wie auch einen bösen Engel
und beide widmen sich ihm
das ganze Leben lang.*

Robert Burton

GEFALLENE ENGEL?
TEUFEL WIDER WILLEN?

Böse Engel – ein Widerspruch in sich? Doch, auch
diesen Glauben gibt es: dass jedem Menschen von
Geburt an ein guter und ein böser Engel zugeordnet ist, die um seine Seele streiten.

Nach der Geheimlehre der jüdischen Kabbala sind
133 306 668 (!), demnach fast die Hälfte aller Engel
(man zählte nämlich insgesamt 300 655 722 Engel)
„gefallen", also negativ besetzt. Die Legende gibt
dafür – natürlich – den Frauen die Schuld: Von deren Schönheit angelockt, stiegen die Engel auf die
Erde herunter und lebten dort höchst unzüchtig mit
eben diesen. Gott ließ die Engel in seinem Zorn
einsperren – unter der Erde!

Luzifer, der „Lichtbringer", ein ehemaliger Cherub,
ist der bekannteste „gefallene Engel". Er ist einer
der höchsten Engel, „ein Edelstein der himmlischen
Krone", der mit seinem Engelsgefolge in die Tiefe

stürzte und sich dort von der Lichtgestalt in den innerlich wie äußerlich schrecklichen und hässlichen Teufel, den „Satan" und „Höllenfürsten" verwandelte.

Glaubt man den Märchen und Sagen, war dieser Engelssturz durchaus keine einmalige Angelegenheit.

Der irische Dichter William Butler Yeats (1865–1939) schreibt in seinen „Feengeschichten aus Irland", dass auch Feen eigentlich Engel sind, die aus dem Himmel geworfen wurden. Im Gegensatz zu den anderen gefallenen Engeln, die sündiger waren und von diesen Sünden so schwer wurden, dass sie bis in die tiefste Hölle sinken mussten, handelt es sich bei ihnen um gute Menschen mit nur kleineren Verfehlungen, sodass sie leicht genug blieben, um mit den Füßen auf unserer Welt zu landen! Wahrscheinlich können sie dieser Leichtigkeit wegen auch so gut fliegen. Im Gegensatz zu den Engeln sind Feen ja auch nicht unsichtbar. Sie neigen zu Schabernack aller Art genau wie zu guten Taten. Mit Sicherheit stehen sie weder in direktem Kontakt mit dem Himmel noch mit der Hölle. Dafür mit der Natur und den Menschen (sofern diese an sie glauben).

Ob „gefallene Engel" wohl besondere Taten vollbringen, Erfolge bei den Menschen erzielen oder sonstige Prüfungen bestehen müssen, um wieder in den Himmel aufgenommen zu werden? Wer weiß das schon.

Ja

Conrad Ferdinand Meyer

Als der Herr mit mächt'ger Schwinge
Durch die neue Schöpfung fuhr,
Folgten in gedrängtem Ringe
Geister seiner Flammenspur.

Seine schönsten Engel wallten
Ihm zu Häupten selig leis,
Riesenhafte Nachtgestalten
Schlossen unterhalb den Kreis.

„Eh' ich euern Reigen löse",
Sprach der Allgewalt'ge nun,
„Schwöret, Gute, schwöret, Böse,
Meinen Willen nur zu tun!"

Freudig jubelten die Lichten:
„Dir zu dienen sind wir da!"
Die zerstören, die vernichten,
Die Dämonen, knirschten: „Ja."

Man unterscheidet zwei Arten von Teufeln:
Degradierte Engel und beförderte Menschen!

Stanisław Jerzy Lec

Deifi

Matthias Hoppe

Eine
heiße Sache,
meinte der Teufel,
als er den Engel sah
mit seinen weißen Flügeln,
abweisend, keusch und frigide,
vereist, vergreist, gefriergeschockt.
Wärst du nur nicht so weit weg,
du verdammter Engel-Bengel,
die Flügel würd ich dir gar
küssen, die Füße, den
Mund. Vielleicht
wär's mir dann
kühler.

You look like an angel –
Walk like an angel –
Talk like an angel –
But I got wise…
You're the devil in disguise!

Elvis Presley

Glaube mir: In allem, was wir eine Versuchung, ein Leid oder eine Pflicht nennen, ist die Hand eines Engels im Spiel.

Fra Giovanni

WENN EIN ENGEL DURCHS ZIMMER GEHT...

Es ist schon wahr: Die Engel, mit denen wir im Alltag zu tun haben, flattern uns nur sehr selten mit rosa Flügelchen und dicken Bäuchlein um die Ohren. Manchmal sind sie als ganz normale Menschen verkleidet, manchmal sind sie unsichtbar und geben sich nur durch einen plötzlichen Anflug von Heiterkeit oder Glücksgefühl zu erkennen.
Wenn plötzlich in einem Gespräch Stille einkehrt, sagt man: „Ein Engel geht durchs Zimmer", in England: „There is an angel passing", in Frankreich: „Un ange vient de passer". Denn Engel lieben die Stille. Krach und Hektik sind ihnen fremd. Ihre sprichwörtliche „Engelsgeduld" eröffnet uns ganz neue Räume. Lassen wir sie zu uns kommen, die Engel! Halten wir inne. In welcher Form und Eigenschaft wir ihn auch jeweils

gerade brauchen, genau so wird unser Schutzengel
uns entgegentreten, wenn wir ihm nur Raum geben:
als Engel der Tatkraft, der Konzentration, der Geduld, der Demut, des Trostes, der Entscheidung, der
Gelassenheit, der Vergebung, der Freude, der Er-
kenntnis, des Vertrauens, der Stille, des Friedens ...
Unendlich vielfältig sind seine Namen und Werke.
Schließen wir die Augen. Stellen wir uns vor, unser
Schutzengel breite seine Fittiche über uns aus und
lasse alle seine guten Kräfte in uns hineinströmen.
Wenn wir selbst erfüllt sind von seinem Licht und
seiner Güte, können wir vielleicht auch für andre
einmal „Schutzengel" sein, wenn auch nur in Men-
schengestalt. Einander Schutzengel sein – wäre das
nicht überhaupt die schönste Menschheits-Utopie?
Horchen wir nur tief genug in uns hinein, dann
können wir „die Engel singen hören": den großen
Lobgesang auf die Schöpfung, das Lied der
ewig währenden Liebe.
Auch wenn wir unseren Schutzengel nicht
immer sehen, ist er stets bei uns. Wenn wir
uns ein bisschen bemühen, ein bisschen wünschen, ein bisschen glauben, ein bisschen vertrauen, etwas genauer hinsehen und hinhö-
ren, dann dürfte es nicht schwer fallen, den
ganz persönlichen himmlischen Begleiter
wahrzunehmen und ein wenig unbe-
schwertes, flügelleichtes Engels-Glück zu
genießen.

Wenn uns Flügel wachsen…

Franz Menke

Wie Engel aussehen?
Wir wissen es nicht!
Ob heute noch Engel das tun,
was die Bibel von ihnen erzählt?
Wer weiß es!
Aber wir wissen,
was die Engel für Aufgaben haben.
Und diese Aufgaben sind auch unsere!
Wenn eine mutlos ist, sie stärken.
Wenn einer traurig ist, ihn trösten.
Wenn eine einsam ist, sie besuchen.
Wenn einer bedroht ist, ihn schützen.
Wenn wir fröhlich sind, miteinander feiern.
Wenn uns auch keine Flügel wachsen,
können wir doch einander Engel sein!

Auch aus dem folgenden Ausschnitt eines Gesprächs von Michelangelo und seinem Lehrling Maurizio über die Kunst des Engel-Malens in der Sixtinischen Kapelle lässt sich einiges über die Vorstellungen erfahren, die Menschen von Engeln so haben können – und von der menschlichen Sehnsucht nach göttlicher Nähe:

… „Ja, die Engel – das sind ja gar keine Engel!" „Und wieso sind das keine Engel?" „Ja, ich weiß nicht, Meister, deine Engel, die haben ja überhaupt keine Flügel!" „Ja und? Was ist so Besonderes daran?" „Ich meine: Engel ohne Flügel, die gibt es doch gar nicht!" „Du siehst doch, dass es sie gibt!" „Ja, aber in der Heiligen Schrift! Da steht doch, dass die Engel Flügel haben!" „Aber es steht dort nicht, wie solche Flügel aussehen, aus was sie beschaffen sind. Ich versuche, die Engel ganz einfach so zu malen, dass man es ihnen ansieht." „Was ansieht?" „Man muss den Engeln auch ohne Flügel ansehen, dass sie Boten Gottes sind!" Wieder stand ich lange stumm vor dem Bild. Dann nickte ich zustimmend: „Ja, Meister, du hast Recht. Deinen Engeln kann man auch ohne Flügel ansehen, dass sie Boten Gottes sind! Ich weiß zwar nicht wieso, aber es ist so. Meister?", fragte ich leise, so als wenn ich mich eigentlich gar nicht traute zu fragen. „Meister, ich habe da noch eine Frage: Deine Engel, die Engel ohne Flügel, die sehen ja zumindest auf den ersten Blick aus wie Menschen!" „Und was willst du fragen?" „Ja, ich denke mir, wenn man doch Engeln auch ohne Flügel ansehen kann, dass sie Boten Gottes sind, könnte es dann nicht auch bei uns so sein?" „Wie meinst du das: bei uns?" „Ich meine: Könnten dann nicht auch Menschen eine Botschaft von Gott bringen? Könnten nicht auch wir…?"

Norbert Hoffmann

Es gibt noch Engel in der Welt

Phil Bosmans

Engel sind Menschen, die das Licht durchlassen. Wo sie sind, wird alles hell und klar. Engel sind Menschen, die zum Leben bringen, was tot ist. Engel sind Menschen, die ein Stück Freude aus dem Paradies mitbringen. Glaub mir: Engel sind Menschen aus Fleisch und Blut, die auf unsichtbare Weise die Welt im Lot halten. Tief in ihnen fühlst du etwas von dem Geheimnis einer unergründlichen Güte, die durch alles hindurch zu den Menschen will. In ihnen wird eine Liebe fühlbar, die dich umarmen möchte.

Du hast ein Problem. Du kommst nicht klar. Und wie durch eine unsichtbare Antenne bekommt irgend jemand eine Eingebung, eine Art Befehl, sich an dich heranzumachen und dir zu helfen, dir den rettenden Tipp zu geben oder ein verstehendes, tröstendes Wort. „Du bist ein Engel“, sagst du dann. Du sagst es zu einem Mann, einer Frau, einem Jungen, einem Mädchen. Geschlecht und Alter spielen keine Rolle. Es kommt etwas Gutes, etwas Herrliches zu dir. Das Leben wird hell und alle Qual ist weg.

Aber Engel kommen nicht auf Bestellung. Manchmal kommen sie ganz unerwartet. Manchmal sind sie da und man merkt es kaum; sie zeigen dir den Weg und verschwinden wieder. Ich habe schon viele Engel getroffen. Manchmal hielten sie mitten auf der Straße an, kamen aus der Menschenmenge heraus,

reichten die Hand, lösten ein Problem und dann
verschwanden sie wieder im Gewühl der Straße. Mitten in der Menschenmenge, namenlos, ohne auf
Dank zu warten.
Es gibt noch Engel in der Welt. Aber es sind zu weni-
ge, darum herrscht noch so viel Dunkel und Elend.
Gott sucht nach Engeln unter den Menschen heute.
Aber so viele Menschen sehen ihn nicht mehr, hören
ihn nicht mehr. Ihre Antenne ist beschädigt oder zer-
brochen. Sie empfangen nichts mehr und geben
nichts mehr weiter.

Komm, du bist mein Engel! In deiner
Umgebung sind genug Menschen, für
die du ein Engel sein kannst.

Der Engel in dir
freut sich über dein
Licht
weint über deine Finsternis.
Aus seinen Flügeln rauschen
Liebesworte
Gedichte Liebkosungen.
Er bewacht
deinen Weg.
Lenk deinen Schritt
engelwärts.

Rose Ausländer

87

QUELLEN

Ilse Aichinger, Engel der Nacht, aus: Der Gefesselte
© S. Fischer Verlag GmbH, Frankfurt a.M. 1954

Rose Ausländer, Der Engel in dir,
aus: Ich höre das Herz des Oleanders. Gedichte 1977-1979,
© S. Fischer Verlag GmbH, Frankfurt/Main 1984

Charles Baudelaire, Stellvertretung, aus: Die Blumen des
Bösen, aus dem Französischen von Friedhelm Kemp,
© 1975 Carl Hanser, München/Wien

Phil Bosmans, Worte zum Menschsein,
© Verlag Herder, Freiburg, 21. Gesamtauflage 2001

Bruno Horst Bull, Dienstbare Geister, © beim Autor

Petr Chudožilov, Zu viele Engel, aus dem Tschechischen
von Susanne Roth,
© 1994 Carl Hanser Verlag, München/Wien

Max Frisch, Der Schutzengel, aus: Tagebuch 1946–49,
© Suhrkamp Verlag, Frankfurt a.M. 1950

André Heller, Schlamassel, Erzählungen, © beim Autor

Norbert Hoffmann, Der kleine Esel August und andere
Geschichten zur Advents- und Weihnachtszeit,
© 1994 Verlag Butzon & Bercker, Kevelaer

Matthias Hoppe, Deifi, © beim Autor

Mascha Kaléko, An meinen Schutzengel,
aus: In meinen Träumen läutet es Sturm,
© 1977 Deutscher Taschenbuch Verlag, München

Hans Kruppa, Wenn Engel Adressen hätten,
aus: Renate Navé (Hrsg.), Engel: Geschichten und Gedichte,
© 1996 F. Schneider Verlag, München

Else Lasker-Schüler, Meine Mutter,
aus: Gesammelte Werke, Bd. 1,
© Suhrkamp Verlag, Frankfurt a.M. 1996

Franz Menke, Von Schutzengeln den Kindern erzählt,
© Verlag Butzon & Bercker, Kevelaer 3/2001

Marius Müller-Westernhagen, Engel,
© 1989 More Music Musikverlag

Hilde Roth, Engel,
aus: Hans-Joachim Gelberg (Hrsg.), Was für ein Glück,
© 1993 Beltz Verlag, Weinheim und Basel;
Programm Beltz & Gelberg, Weinheim

Nelly Sachs, Chor der Wolken, aus: Fahrt ins Staublose,
© Suhrkamp Verlag, Frankfurt a.M. 1961

Petra Schneider/Gerhard K. Piroth, Engel begleiten uns,
© 2000 Windpferd Verlagsgesellschaft, Aitrang

Edith Schreiber-Wicke, Engel oder Katze?,
aus: Edith Schreiber-Wicke/Carola Holland, Engel schnurren,
© 1996 K. Thienemanns Verlag, Stuttgart/Wien

Karl Valentin, Ewigkeit, aus: Gesammelte Werke in einem
Band, © 1985 Piper Verlag GmbH, München

Viola Voß, Mein Engel, © bei der Autorin

Rudolf Otto Wiemer, Es müssen nicht Männer mit Flügeln
sein, aus: Bethlehem ist überall – Geschichten und Gedichte
zur Weihnachtszeit,
© 1979 Gütersloher Verlagshaus Gerd Mohn, Gütersloh